ALESSANDRO DA RIPABOTTONI

PADRE PIO
DA PIETRELCINA

PROFILO BIOGRAFICO

IX EDIZIONE

A CURA DI
FR. FRANCESCO D. COLACELLI

EDIZIONI
PADRE PIO
DA PIETRELCINA

Edizioni
«Padre Pio da Pietrelcina»
Convento Frati Cappuccini
«Santa Maria delle Grazie»
71013 S. Giovanni Rotondo (Fg) – Italy
2006

I Edizione 1978
Ristampe 1980
II Edizione 1988
III Edizione 1989
IV Edizione 1990
V Edizione 1992
VI Edizione 1995
VII Edizione 1996
VIII Edizione 2002
IX Edizione 2006

Con approvazione ecclesiastica

PREFAZIONE

Sintesi e completezza. Fedeltà alle fonti e scorrevolezza narrativa. Sono queste le caratteristiche che hanno determinato il successo editoriale del "Profilo biografico", agile volumetto scritto da padre Alessandro da Ripabottoni, uno dei più rigorosi storici della Provincia religiosa dei Frati Minori Cappuccini di cui anche Padre Pio era figlio.

Nel 2002 fu decisa la pubblicazione della VIII edizione, su sollecitazione di tante richieste. Fu l'occasione per un aggiornamento dell'opera rispetto al testo, che la morte dell'autore ha fatto chiudere con l'inizio della fase vaticana del Processo di Beatificazione e Canonizzazione. Ora il racconto si completa con l'elevazione di Padre Pio agli onori degli altari che costituisce il compimento di un'antica promessa fatta da Gesù, in una visione, al giovane Francesco Forgione poco prima del suo ingresso in convento.

Quattro anni dopo, la necessità di procedere a una nuova ristampa ha suggerito una revisione della veste grafica, per dare alla presente biografia anche uno stile estetico più moderno. E' un ulteriore elemento qualificante di un'opera che si è già fatta apprezzare per la precisione e la ricchezza di citazioni che lasciano trasparire il faticoso lavoro di ricerca e di approfondimento e per uno stile che quasi trasforma la penna in pennello, capace di rievocare con la parola immagini di situazioni e di luoghi. La presente biografia, infine, ha conquistato i tanti che l'hanno letta per un ulteriore elemento, il più importante: è stata scritta con amore. Anzitutto amore verso Dio, che ha chiamato Padre Pio a una grande missione per il bene dell'umanità, di ieri, di oggi e di domani. Poi amore per il protagonista di questa straordinaria esistenza, che ci viene proposta come modello. Quindi amore per il chiostro e per l'abito di san Francesco, che legano l'autore e gli editori a Padre Pio.

Ci auguriamo che anche questa ristampa possa avere ampia diffusione, divenendo occasione di catechesi, di esame di coscienza e di revisione della condotta di vita.

San Giovanni Rotondo, 25 maggio 2006
CXIX anniversario della nascita
di San Pio da Pietrelcina

Fr. Francesco D. Colacelli
OFM Cap.

Capitolo I

FRANCESCO

Francesco Forgione, il futuro padre Pio, nacque a Pietrelcina il pomeriggio del 25 maggio 1887, da Grazio Maria e Giuseppa De Nunzio e il giorno dopo fu portato al fonte battesimale.

Pietrelcina "tutta nel mio cuore"

Nessuno o pochi sanno chi sia padre Pio Forgione, ma tutti conoscono ed amano padre Pio da Pietrelcina.

Cittadina a pochi chilometri da Benevento, sita in una zona collinosa del Sannio, dagli orizzonti aperti, abitata da gente laboriosa, cordiale ed espansiva, che svolge principalmente la sua vita al ritmo dei lavori campestri, temprata dal solleone meridionale e dai venti gelidi invernali.

Francesco venne alla luce nella vecchia Pietrelcina, in rione Castello, ove dimorava la famiglia Forgione.

Case secolari, poggiate sulla roccia dal caratteristico colore oscuro che, nel vecchio borgo, affiora da ogni dove.

Quella di Grazio Maria è un'abitazione dalle sparse membra: stanza ove nacque Francesco, sita in Vico Storto Valle; sempre nello stesso vicolo: cucina e camera da letto e la celebre *torretta*; in via S. Maria degli Angeli, una casa più comoda e sita in luogo più felice.

In questi locali padre Pio visse la sua infanzia, adolescenza, e trascorse la convalescenza e i suoi primi anni di sacerdozio, dal 1910 al 1916.

Oggi nel paese esistono tre chiese: S. Maria degli Angeli, parrocchia; S. Famiglia, chiesa cappuccina e convento; e la chiesa di S. Anna, nel rione baronale, ove Francesco divenne cristiano e soldato di Cristo (fu cresimato il 27 settembre 1899), ricevette la prima comunione e si estasiava davanti a Gesù sacramentato.

Come Pietrelcina era ed è piena tutta di lui, così padre Pio rinserra tutta Pietrelcina nel suo cuore: «*Salutatemi tutta Pietrelcina, che tengo tutta nel mio cuore* – scrive al fratello Michele –. *Le benedizioni del Signore scendano larghe e copiose su tutti e tutti si rendano degni delle odierne ed eterne promesse*» (22 dic. 1926).

Pietrelcina

Zi' Razio e mamma Peppa

Zi' Razio (1860-1946) e mamma Peppa (1859-1929) richiamano straordinariamente i genitori di Giacinta e Francesco Marto di Fatima, soprattutto per la cordiale amabilità, per l'ospitalità, rettitudine e vera dignità campagnola.

Grazio non perse mai l'allegria, condita di scherzi innocenti e facili battute; di intelligenza sveglia, che traduceva lesto ogni pensiero in azione; dalla parlata dialettale sonora e sciolta, asciutto, rotto al duro lavoro, statura media, occhi vivi e parlanti, dai modi – a volte – rudi e sbrigativi, viveva la sua fede sinceramente.

Quando Francesco espresse il desiderio di voler continuare gli studi per «*farsi monaco*», non tentennò ad allontanarsi da casa, pur di guadagnare il necessario per il figlio studente.

Allora il peso della famiglia ricadeva tutto sulle spalle di mamma Peppa, occhi chiari, lineamenti corretti, corpo snello come un'adolescente, dal colloquio – nel suo ostico vernacolo – di una grazia ammirevole; in bianca camicetta o, a seconda delle stagioni, avvolta nello scialle, con il bianco fazzoletto in testa, sempre fresco di bucato, secondo l'usanza paesana: «*era una popolana* – dicono i pietrelcinesi – *ma aveva tratti da gran signora*»:

la sua ospitalità era sempre «*larga, signorile, pur nella sua semplicità*».

Anche lei – come il marito – sapeva tenere allegra compagnia, frequentava la chiesa, come tutte le altre buone cristiane del paese; ed in quella casa così minuscola, ove sembra che le mura ti accarezzino e ti scaldino col loro respiro, mamma Peppa sfaccendava da mane a sera, quando i lavori campestri non la richiedevano altrove, per tirare avanti dignitosamente la famiglia; e ci riusciva così bene, da non fare impensierire il marito lontano.

In questo ambiente, le cui umili origini appaiono evidenti ovunque, nacque e crebbe Francesco, sereno e tranquillo: «*Nella mia famiglia* – ricordava padre Pio nell'età attempata – *era difficile trovare dieci lire, ma non mancava mai nulla*».

Ragazzo calmo e riservato

Mamma Peppa ci dice che il piccolo Francesco era un bimbo «*calmo, quieto*» e «*man mano che cresceva non commetteva nessuna mancanza, non faceva capricci, ubbidiva sempre a me ed a Grazio*».

Lo stesso padre Pio raccontava che i genitori non lo hanno mai picchiato. Qualche vol-

Zi' Razio

Mamma Peppa

ta la mamma gli diceva solo: «*Vieni qua, svergognatello!...*». «*Perché?*», gli fu domandato. «*Piccole cose con le sorelle*», rispose.

A volte la mamma lo esortava a giocare con i coetanei, ma il suggerimento non era sempre accettato: «*Non ci voglio andare* – rispondeva – *perché essi bestemmiano*».

Grandicello, sceglieva con sano criterio: evitava i compagni dall'«*occhio falso*», ci fa sapere un coetaneo e pastore come lui, perché i genitori di Francesco, appena lo reputarono capace, gli affidarono due pecore.

Durante il pascolo, se era solo recitava anche il rosario; se in compagnia di altri pastorelli – sono essi che ce lo dicono – si divertivano con la creta «*facendo casette, carretti ed altri oggetti*» e Francesco modellava di preferenza san Michele e, verso Natale, i pastorelli per il presepe e il Bambinello: «*Quando aveva fatto uno, lo metteva sul palmo della mano, lo guardava a lungo e poi diceva*: *"Non è venuto come volevo io" e impastava la creta per farne uno più bello*».

Tra i giochi innocenti non mancava neppure la lotta, non quella rissosa, ma la sola giocosa. «*Allegro anche da piccolo, con la giacchettella alla cacciatore, di panno di lana, con una mozzetta corta e sempre pulita*», ben voluto dai compagni, perché «*era un ragazzo come tutti gli altri*», ma di quelli educati e piuttosto riservato: disse mai parole cattive e non ne voleva sentire, perciò evitava i compagni «*dall'occhio falso, voglio dire gli scostumati dalla parola facile, gli insinceri, quelli che non erano buoni e bravi ragazzi*».

Tipo asciutto ma non malato, di carattere remissivo e piuttosto riservato: «*Francisco è stato sempre "nu lupo surdo" voglio dire di poche parole e non faceva mai appurare i fatti suoi*». Era «*fino, fino*», completa il discorso un altro compagno pastore, «*e dovete sapere che noi la sera andavamo anche a scuola*» e la lezione la sapeva soltanto *Francisco*, perché soltanto lui studiava durante il giorno.

Al tempo di Francesco a Pietrelcina vi erano soltanto le prime classi elementari, mai frequentate da lui, sempre studente fuori corso. Apprese a leggere ed a scrivere da un contadino, munito del solo titolo di quinta elementare e quando decise di «*farsi monaco*», abbandonate le pecore, continuò lo studio da maestri privati.

Il dito di Dio

Non abbiamo l'idea che padre Pio sia nato santo, però anche se si evita di vedere il dito di Dio dovunque e in tutti i momenti nella vita di un santo uomo, si è pure obbligati

Casa natale di Padre Pio

a costatare che alcuni di questi momenti sono stati privilegiati.

Assiduo chierichetto, Francesco «*pregava in ginocchio e ben composto*» ed anche a porte chiuse, d'accordo col sacrestano.

Non sempre dormiva a letto, che a volte la mamma trovava intatto la mattina, perché «*il figlio preferiva dormire a terra, avendo per capezzale una pietra*».

Si batteva anche con una catena di ferro, «*funzione che ripeteva spesso*», testimone la stessa mamma, che un giorno si turbò alla vista di tale spettacolo: « *Ma perché, figlio mio, ti batti così? La catena di ferro fa male*». E Francesco: «*Mi debbo battere come i Giudei hanno battuto Gesù e gli hanno fatto uscire il sangue sulle spalle*».

Dall'amore alla preghiera ed alla solitudine sbocciava la sete di sofferenza e di espiazione, che con l'andar degli anni avrebbero affondate le loro radici sempre più nella vita di padre Pio: era una preparazione alla sua missione corredentrice.

Si mortificava, imponendosi penitenze che procurano un relativo patimento. *Sopportava* serenamente le sofferenze causategli dai compagni di scuola per un bigliettino amoroso scarabocchiato da una scolara e nascosto nella tasca di Francesco, a sua insaputa; e da un chierichetto che per invidia lo accusa con una lettera anonima presso l'arciprete, inventando l'amore di Francesco con la figlia del capostazione, ragazza che lui neppure conosceva.

Il Signore, poi, faceva il resto, aiutando quell'adolescente a camminare per la via che mena al Cielo: «*Le estasi e le apparizioni* – fa sapere un padre spirituale – *cominciarono al quinto anno di età, quando ebbe il pensiero ed il sentimento di consacrarsi per sempre al Signore, e furono continue. Interrogato come mai le avesse celate per tanto tempo* [sino al 1915], *candidamente rispose che non le aveva manifestate, perché le credeva cose ordinarie che succedessero a tutte le anime; difatti un giorno disse ingenuamente: "E lei non la vede la Madonna?". Ad una mia risposta negativa, soggiunse: "Lei lo dice per santa umiltà!". A cinque anni cominciarono pure le apparizioni diaboliche e per quasi venti anni furono sempre in forme oscenissime, umane e soprattutto bestiali*».

* * *

Chiesa di Sant'Anna, al rione Castello dove Padre Pio fu battezzato

Carismi divini e cooperazione umana: questo ci insegna padre Pio, sin dai primi anni di sua vita. Come non nutrì rancore per gli scolari sbarazzini e per l'invidioso chierichetto – che poi si pentí, vinto dalla bontà di Francesco –, così anche dopo: «*Mai mi è passato per il pensiero* – può confidare al suo padre spirituale – *l'idea di qualche vendetta: ho pregato per essi* [i suoi denigratori] *e prego. Se mai qualche volta ho detto al Signore: 'Signore, se per convertirli c'è bisogno d'una sferzata, dàlla pure, purche si salvino'*».

In una letterina del 9 marzo 1902 al compagno «buono e caro Luigino», il suo programma: «*Io voglio essere amico con tutti*».

Capitolo II

FRA PIO

Non vi è nulla di più personale e di più libero, libertà «*forse la più difficile, ma certo la più bella*» (Paolo VI), della vocazione sacerdotale e religiosa.

È una voce misteriosa che il Signore può far sentire a tutti, ma sono i giovani che Gesù di preferenza sceglie e chiama.

Oggi problema «gravissimo» nella Chiesa e non soltanto dei pochissimi eletti ad un genere di vita così singolare e non certo di moda, ma di tutti.

"Ti ha chiamato e va'"

I genitori di Francesco non ostacolarono la vocazione del figlio e diedero a Dio «*la parte di Dio*».

Il giorno dell'Epifania 6 gennaio 1903, ricevuta la benedizione ed una corona del santo Rosario dalla mamma, Francesco parte per il noviziato.

«*Mamma* – è lo stesso padre Pio che racconta – *al momento di salutarmi mi preme le mani e mi disse: 'Figlio mio, tu mi stracci il cuore!... Ma in questo momento non pensare al dolore di tua madre: san Francesco ti ha chiamato e vai!'*».

Non meno doloroso fu il distacco di Francesco dai suoi, ai quali si sentiva fortemente legato, nonostante le visioni celesti rendessero generosamente forte l'anima nel dare l'ultimo addio al mondo.

Il buon seme e il terreno fertile

Dalla stessa penna di padre Pio sappiamo che egli «*aveva sentito sin dai più teneri anni forte la vocazione allo stato religioso*»; ed il Signore per non far soffocare «*il buon seme della divina chiamata*», favorì la sua anima di una visione, che gli delineava anche il suo futuro programma di vita.

Coll'«*occhio dell'intelligenza*» si vide al suo fianco un uomo maestoso di rara bellezza, che lo prese per mano e gli disse: «*Vieni con me, perché ti conviene combattere da valoroso guerriero*», conducendolo in uno spaziosissimo prato, popolato da una moltitudine di viventi, divisi in due schiere opposte: da una parte uomini bellissimi, dall'altra volti di aspetto orrido, in mezzo un grande spazio, ove la guida conduce la sua anima, spaventata alla comparsa di un gigante contro

Pietrelcina - Chiesa dei Padri Cappuccini

cui la povera creatura deve azzuffarsi: «*Fatti animo* – incita la guida –; *entra fiduciosa nella lotta, avanzati coraggiosamente, che io ti starò d'appresso; io ti aiuterò e non permetterò che egli ti abbatta. In premio della vittoria che ne riporterai ti regalerò una splendida corona*».

Il significato della simbolica visione, non appreso chiaramente, venne manifestato con un'altra «*puramente intellettuale*», pochi giorni innanzi alla sua entrata in noviziato.

Nel giorno della Circoncisione (1 gennaio 1903) dopo la comunione, l'anima di Francesco «*fu istantaneamente investita di luce soprannaturale interiore*», e «*fulmineamente*» comprese che la sua vocazione religiosa sarebbe stata una lotta continua «*con quel misterioso uomo d'inferno*»; e comprese ancora che il nemico contro cui doveva combattere era terribile, ma «*non doveva temere, perché lui stesso, Gesù Cristo, figurato in quell'uomo luminoso che l'aveva fatto da guida, l'avrebbe assistita e sempre le sarebbe stato vicino per aiutarla e premiarla in Paradiso per le vittorie che ne avrebbe riportato, purché, affidata a Lui solo, avesse combattuto con generosità*».

Un perfetto cappuccino

Francesco bussò alla porta del convento cappuccino di Morcone, distante da Pietrelcina circa 30 chilometri, il 6 gennaio 1903.

Il padre maestro dei novizi, Tommaso da Monte Sant'Angelo (1872-1932), che in modo particolare deve aiutare il postulante a muoversi nell'ignoto schema della nuova vita, lo dispone ad una buona settimana di riflessione per una giusta visuale delle cose, durante la quale si conversa solo con Dio e con nessun altro.

Terminati gli esercizi spirituali, il 22 gennaio dello stesso anno 1903 Francesco vestì l'abito del novizio cappuccino e si chiamò fra Pio da Pietrelcina.

Delicatamente composto nel «*bel saio cappuccino*», fra Pio – nome oggi famoso in tutto il mondo – ben presto si accorge che quei frati «*non scherzano*».

Con quali propositi entrò in convento e con quale impegno fra Pio visse l'anno di noviziato? Ce lo dice lui stesso in una lettera autobiografica del 1922 e ce lo raccontano i suoi compagni di noviziato.

Il Signore faceva intendere al quindicenne Francesco che per lui «*il posto sicuro, l'asilo di pace era la schiera della milizia ecclesiastica. E dove meglio potrò servirti, o Signore, se non nel chiostro e sotto la bandiera del poverello di Assisi? [...]. Oh Dio! fatti sempre più sentire al povero mio cuore e compi in me l'opera da te incominciata [...]. Che Gesù mi faccia la grazia di essere un figlio meno indegno di san Francesco; che possa essere di esempio ai miei confratelli, in modo che il fervore continui sempre più in me, da far di me un perfetto cappuccino*».

Era un fratino «*esatto in tutto*» – afferma, ammirato, un novizio coetaneo di fra Pio; il suo amore alla preghiera era di una «*prontezza e disinvoltura ammirevoli*»; la meditazione sulla Passione era accompagnata da «*copiose lacrime*» e la giornata da «*numerose giaculatorie*»; la Madonna riceveva continui segni di affetto dal fervente novizio, che osservava con diligenza il silenzio per parlare meglio con Dio; lo stesso padre maestro lo giudica «*un novizio esemplare, puntuale nell'osservanza in tutto*» ed «*a tutti di modello*».

La mattina del 22 gennaio 1904 fa la sua professione semplice, promettendo a Dio di vivere in obbedienza, senza proprio e in castità.

A cerimonia avvenuta, mamma Peppa abbraccia fra Pio, lo bacia e gli dice: «*Figlio mio, adesso sí che sei figlio tutto di san Francesco; e che ti possa benedire!*».

Studente malaticcio

La mattina del 25 gennaio 1904, assieme al compagno di noviziato fra Anastasio da Roio (1886-1947), con il padre provinciale Pio da Benevento (1842-1908), partono per il «professorio» di S. Elia a Pianisi (Cb) per iniziare la «rettorica», cioè il ginnasio e poi la «filosofia», ossia il liceo.

Terminato il corso ginnasiale (anno quarto e quinto), promosso in filosofia, dopo la metà di ottobre 1905, fra Pio parte temporaneamente assieme agli altri chierici per S. Marco la Catola (Fg) ed in questa nuova sede trova padre Benedetto da S. Marco in Lamis, che diventa suo direttore spirituale sino al 1922.

Alla fine di aprile 1906 lo studio torna a S. Elia a Pianisi per continuare il corso filosofico e il 27 gennaio 1907 fra Pio emette la professione dei voti perpetui.

Alla fine di ottobre dello stesso anno 1907 viene trasferito a Serracapriola (Fg) per iniziare lo studio della teologia; e verso la fine di novembre 1908 a Montefusco (Av).

Il 19 dicembre 1908 riceve gli ordini minori e due giorni dopo (21 dicembre) il suddiaconato.

Nel 1909 viene condotto a Pietrelcina presso la famiglia, perché malato ed i medici consigliano aria nativa.

Padre Pio (1911)

Dimorò per breve tempo anche nel convento di Gesualdo (Av) per studiare teologia morale, che poi continuò a Pietrelcina, sotto la guida di un bravo e dotto sacerdote del paese.

Dalla testimonianza stessa di padre Pio, da chi gli è stato a fianco come compagno di studi e come docente, da chi frequentava le chiese cappuccine e da domande audacemente indiscrete, sappiamo che durante gli anni di studentato nella vita di fra Pio succede dell'ordinario e dello straordinario.

Destava un senso di ammirazione per il «*comportamento esemplare*»; «*ragazzo com'ero, non m'intendevo di virtù, ma notavo in lui qualche cosa che lo distingueva dagli altri chierici. Per me spiccava, anche se nulla di straordinario notavo in lui*». La sua persona era veramente bella, «*ma bella di volto e di compostezza*», e questo lo aveva notato anche fra Camillo cercatore che quando da Morcone andava per la questua a Pietrelcina, «*sentiva da zia Peppa* (la madre di fra Pio), *che gli diceva: "fra Camí, stu uaglione li mma fa munaciello"*».

Il popolo che frequentava la chiesa cappuccina di S. Elia a Pianisi ed il clero locale notarono anch'essi che «*quel chierico*» si distingueva dagli altri per «*modestia, mortificazione e grande pietà*».

Il coro dei condiscepoli e docenti è unanime: «*ci rivelava il suo affetto coi tratti abituali della sua bontà ed affabilità*». Viveva la vita di fraternità come tutti gli altri chierici, prendeva parte con giovialità alle comuni ricreazioni, alle passeggiate settimanali ed alle gite scolastiche.

«*Di ingegno comune*»; «*non si distingueva per ingegno, si distingueva nel portamento. Fra i condiscepoli allegri e chiassosi, egli era quieto e calmo, anche durante la ricreazione; sempre umile, mite obbediente*».

Stimato, voluto bene, ma non godeva, allora, «*fama di santo*», perché scoprivano in lui «*niente di straordinario o soprannaturale*».

Quiete e raccoglimento furono abituali e si diceva «*che aveva il dono delle lagrime*»; in tempo di meditazione e specie dopo la santa comunione ne versava tante da formare sul pavimento di legno «*un fossetto*» e, costretto a parlare: «*Piango* – disse – *i miei peccati e i peccati di tutti gli uomini*».

Da risposte dello stesso padre Pio a domande audaci di padre Agostino da S. Marco in Lamis, suo direttore spirituale assieme a padre Benedetto, sappiamo che «*Gesù cominciò a favorire la sua povera creatura* [cioè fra Pio] *delle celesti visioni* [...] *non molto dopo del noviziato*».

E a S. Elia a Pianisi gli successe anche un fatto molto strano ed un altro insolito.

Il fatto strano accadde in una notte d'estate del 1905: mentre, dopo la preghiera notturna del breviario, fra Pio ritiratosi nella stanzetta recitava il Rosario, «*con terrore* – è lui stesso che racconta – *dalla porta vidi entrare un grosso cane, dalla cui bocca usciva tanto fumo. Caddi riverso sul letto e udii che diceva: 'è iss, è isso' (è lui, è lui). Mentre ero in quella positura, vidi l'animalaccio spiccare un salto sul davanzale della finestra, da qui lanciarsi sul tetto di fronte, per poi sparire*».

Il fatto insolito: «*Giorni fa mi è accaduto un fatto insolito: mentre mi trovavo in coro con fra Anastasio, erano circa le ore 23 del 18 mese scorso (gennaio 1905), quando mi trovai lontano in una casa signorile, dove il padre moriva, mentre una bambina nasceva. Mi apparve allora Maria santissima che mi disse: "Affido a te questa creatura; è una pietra preziosa allo stato grezzo, lavorala, levigala, rendila il più lucente possibile, perché un giorno voglio adornarmene...".*

"Come sarà possibile, se io sono ancora un povero chierico e non so se avrò la fortuna e la gioia di essere sacerdote, come potrò pensare a questa bimba, essendo io molto lontano da qui?".

La Madonna soggiunse: "Non dubitare, sarà lei che verrà da te, ma prima la incontrerai in san Pietro...".

Dopo di ciò mi sono ritrovato nuovamente in coro».

Il «*fatto insolito*» fu messo in carta da fra Pio nel mese di febbraio 1905.

L'orfana e la vedova si trasferivano Roma. Nel 1922 l'orfana, signorina diciottenne studentessa di Liceo, fu confessata da padre Pio, recatosi in bilocazione nella basilica di san Pietro.

Nelle vacanze estive del 1923, recatasi a S. Giovanni Rotondo, si sentì dire da padre Pio: «*Io ti conosco, sei nata il giorno in cui morì tuo padre [...]. Tu già mi conosci. Mi hai avvicinato l'anno scorso nella basilica di san Pietro [...]. Sei stata affidata alle mie cure dalla Madonna*».

L'orfana dopo il matrimonio, tornò più volte a S. Giovanni Rotondo e quattro giorni prima della morte di padre Pio si confessò da lui e sentì dirsi: «*Questa è l'ultima confessione che fai con me. Ora ti do l'assoluzione di tutti i peccati commessi dall'uso della ragione fino a questo momento*». «*Perché, Padre?*». «*Già te l'ho detto che non posso piu confessarti, perché me ne vado*».

* * *

San Giovanni Rotondo - Convento e Chiesa come erano anticamente

La vocazione sacerdotale e religiosa è un «invito misterioso, se davvero è una chiamata che viene da Dio»; voce che dice: «Venite!...», e che passa come un vento profetico sopra la testa degli uomini; tutti i giovani di cuore generoso devono interrogarsi, per sapere se il Signore Gesù non «stia parlando proprio al loro cuore».

Francesco si interrogò e cooperò alla chiamata divina. Egli stesso dice di «aver sentito sin dai più teneri anni forte la vocazione allo stato religioso», ma con il crescere degli anni deve lottare contro «il falso diletto di questo mondo», che cerca di soffocare «il buon seme della divina chiamata».

L'anima del fortunato adolescente fu riempita di coraggio, che il Signore infonde nel cuore di tutti i ben disposti, e rispose alla chiamata divina, con l'impegno costante di far di sé «un perfetto cappuccino».,

Alla generosità del figlio corrispose la pronta collaborazione dei genitori: «Che farete voi [sposi cristiani], qualora il Maestro divino venisse a domandarvi la parte di Dio, cioè l'uno o l'altro dei figli o delle figlie, che egli si sarà degnato di accordarvi, per formare il suo sacerdote, il suo religioso o la sua religiosa? [...]. Ve ne supplichiamo in nome di Dio: no, non chiudete allora in un'anima, con gesto brutale ed egoistico, l'ingresso e l'ascolto della divina chiamata» (Pio XII).

I genitori di Francesco non ostacolarono nell'animo del figlio l'ingresso all'ascolto della divina chiamata: diedero a Dio «la parte di Dio», come più tardi lo fecero per una figlia entrata fra le brigidine.

Capitolo III

PADRE PIO

Chi vide fra Pio studente a Montefusco nel novembre 1908, lo descrisse come «*un bel giovane paffuto, dal viso roseo che nulla lasciava trapelare della malattia della quale era affetto*».

«*Il male principale* – commentava anni più tardi lo stesso padre Pio – *nella mia malattia era il fatto che apparentemente io non dimostravo alcun male, per cui parecchi potevano dubitare che io effettivamente soffrissi*».

Tutto lo vuole Iddio

La permanenza al paese nativo per una misteriosa malattia, le cui cause reali nessuno riesce a diagnosticare, secondo le vedute umane sarebbe dovuta essere breve, con la speranza di un giovamento alla malferma salute; invece nei piani di Dio si protrasse per quasi sette anni (maggio 1909-febbraio 1916) e il fine desiderato dagli uomini non si verificò; fra Pio si dimena sempre in uno stato abituale di malattia.

La dimora presso i suoi non era ben vista dai superiori, ma soltanto tollerata e perciò fu richiamato più volte in convento. Padre Pio, obbediente, partiva, ma dopo breve tempo era costretto a ritornare a casa.

È un periodo questo, nella sua vita, di intenso progresso interiore e di perseverante ascesa per le vie difficili dell'itinerario spirituale, ampiamente lumeggiato dalla sua corrispondenza epistolare coi direttori spirituali.

L'aria nativa gli porta qualche giovamento, perché in certi periodi si sente «*benino*»; ma non si illude: l'idea della guarigione gli sembra un «*sogno*», una parola «*priva di senso*».

Alle sofferenze fisiche, che aumentano di giorno in giorno, si aggiungono tormenti spirituali; ma egli gode, per intercessione di Maria, di una grande rassegnazione ed in silenzio adora la mano che lo percuote, sapendo che è lo stesso Signore che da una parte lo affanna e dall'altra lo consola.

Le tentazioni «*assaissime*» desidererebbe che gli fossero cambiate dal Signore in dolori fisici, per paura di commettere il peccato, ma «*sia come si voglia, a me basta sapere che tutto lo vuole Iddio e son lieto lo stesso*». E fortifica il suo spirito con la comunione quotidiana: «*come potrei vivere senza accostarmi a ricevere Gesù anche per una sola mattina?*».

Anche se in certi momenti sembra che gli «*vada via la testa*» per respingere gli assalti veementi del tentatore, che si sforza di strapparlo «*dalle mani di Gesù*», fra Pio non dispera, deciso a non offendere il suo «*caro Gesù con un solo peccato, benché lieve*»; se egli «*non ha misurato il suo sangue per la salvezza dell'uomo, vorrà misurare i miei peccati per quindi perdermi?*».

Sacerdote santo

Per non perdere l'anno scolastico studia privatamente, perché ha un «*desiderio vivissimo*» di essere sacerdote.

Il 10 agosto 1910 la sua grande speranza diventa realtà: è ordinato sacerdote nella cappella dei canonici nel duomo di Benevento da monsignor Schinosi. Il 14 agosto canta la prima Messa solenne a Pietrelcina e per la circostanza scrive il suo pensiero ricordo, che è anche il suo programma di vita: «*Gesù – mio sospiro mia vita – oggi che trepidante ti elevo – in un mistero di amore – con te io sia pel mondo – Via Verità Vita – e per te sacerdote santo – vittima perfetta*».

Ogni Messa per padre Pio è «*la prima Messa*»; la gioia è inesprimibile e continua, turbata solo dalla sua ingratitudine, come lui crede e dice.

Ogni anno il suo pensiero vola al «*bel giorno*» della sua ordinazione sacerdotale: «*doma-*

ni festa di san Lorenzo, è pure il giorno della mia festa. Ho già incominciato a provare di nuovo il gaudio di quel giorno sacro per me. Fin da stamattina ho incominciato a gustare il paradiso... E che sarà quando lo gusteremo eternamente? Vado paragonando la pace del cuore, che sentii in quel giorno, con la pace del cuore che incomincio a provare fin dalla vigilia, e non ci trovo nulla di diverso. Il giorno di san Lorenzo fu il giorno in cui trovai il mio cuore più acceso di amore per Gesù. Quanto fui felice, quanto godei quel giorno!».

A volte sento un fuoco che brucia, ma è «*un fuoco che fa bene*»; la bocca gusta tutta «*la dolcezza di quelle carni immacolate del Figlio di Dio*»; che «*ogni mattina viene in me e riversa nel mio povero cuore tutte le effusioni della sua bontà*».

Quando non può celebrare si sente «*estremamente sconfortato*» (una vera «desolazione»); «*ciò che più addolora si è il non poter celebrare, né satollarmi delle carni del divino agnello*»; e prega il suo Gesù che non voglia privarlo dell'«*unico conforto*», che gli resta sulla terra.

Mi scacci dal tuo Ordine?...

Sempre per motivi di salute padre Pio continua a restare in famiglia; malattia «*misteriosa*», come misteriosa era la permanenza a Pietrelcina: «*Un giorno da me interrogato* – scrive nel suo diario padre Agostino da S. Marco in Lamis, suo direttore spirituale – rispose: "*Padre, non posso dire la ragione, per cui il Signore mi ha voluto a Pietrelcina; mancherei di carità!...*" . *E non l'ho mai più interrogato su tale argomento*».

Il provinciale padre Benedetto da S. Marco in Lamis tenta a più riprese di ricondurlo al convento e la permanenza più lunga fu a Venafro, ove dimorò dalla fine di ottobre al 7 dicembre 1911.

Dall'ordinazione sacerdotale alla partenza per Venafro, padre Pio soffrì grandi tormenti diabolici, che a volte non lo lasciarono libero neppure nelle ore di riposo, «*oltremodo amareggiato. Il demonio mi vuole per sé ad ogni costo*».

Quando si vede sull'orlo della disperazione, ricorre alla «*comune nostra madre Maria*», che non sa come ringraziare «*per tali grazie singolarissime*»; con fiducia si gitta nelle braccia di Gesù «*ed avvenga poi quello che lui ha decretato ed egli certamente ci deve pensare ad aiutarmi*». Nel pregare «*ai piedi di Gesù sem-*

brami di non sentire affatto né il peso della fatica, che fò nel vincermi allorché sono tentato e né l'amaro dei dispiaceri».

Ritornato in convento, durante un mese e mezzo circa passato a Venafro, la fraternità si accorge dei primi fenomeni soprannaturali: «*assistetti* [e non fu il solo] – scrive padre Agostino da S. Marco in Lamis nel suo diario – *a parecchie estasi e molte vessazioni diaboliche. Scrissi allora tutto ciò che ascoltai dalla sua bocca durante le estasi e come avvenivano le vessazioni sataniche*».

Durante la permanenza a Venafro il suo sostentamento è l'Eucarestia, sia che celebri sia che riceva soltanto la santa comunione, perché costretto a letto.

Per le peggiorate condizioni di salute, il 7 dicembre è costretto di nuovo ad uscire di convento ed il ritorno a Pietrelcina lo seppe da san Francesco, quando a Venafro gli apparve ed egli si lamentò con lui: «*O serafico Padre mio, tu mi scacci dal tuo Ordine? ...non sono più figlio tuo? ...la prima volta che mi appari, padre san Francesco, mi dici di andare a quella terra di esilio?... Ma, Gesù mio, aiutami... E quale sarà il segno che tu mi vuoi là?... Dirò la Messa... Ebbene, Gesù mio, sii ringraziato*».

Costretto a vivere «*esule nell'esiglio del mondo*», cioè fuori convento, anche da sacerdote continua a trattare tutti con cordialità e confidenza, non permettendo che la sua dignità sacra crei quella riverenza che sappia di soggezione e di distacco.

Il mondo contadino da cui viene, è ancora tutto suo: va in campagna e, come prima, saluta, dice la buona parola d'incoraggiamento, accetta volentieri l'invito di sostare, anche un momento, all'ombra di un albero se fa caldo, nella masseria, se il tempo è inclemente; nei campi «*sta davanti ai lavoratori e parla di religione*».

I suoi compagni di fanciullezza, ormai giovani come lui, pur seguendo strade e destini diversi, restano sempre i suoi «compagni»: incontri festosi, battuta scherzosa, tiratina d'orecchio, notizia scritta e parola buona a chi serve la Patria oltre oceano in Libia; conversazioni, occasionali o ricercate, in mezzo ai paesani per l'apostolato spicciolo della parola e del buon esempio adatti a far vivere da buoni cristiani.

Non dava soggezione, perché «*con la parlatura dialettale padre Pio affiatava i paesani attorno a lui*».

Il suo apostolato sacerdotale si riduce ad aiutare il parroco nell'amministrazione dei sacramenti, esclusa la confessione che il provinciale non gli concesse i primi anni di Messa per ragioni di salute e di non provata scienza morale da parte sua.

Verso la fine di questo periodo inizia la direzione spirituale per corrispondenza di qualche anima, sempre col permesso chiesto ed ottenuto dai superiori.

Ma più che con tali forme visibili, lo zelo per le anime padre Pio lo attua soprattutto attraverso lo stato di vittima, vissuto intensamente come irradiazione della virtù salvifica di Gesù e della sofferenza del corpo e dell'anima, richiesta ed accettata come partecipazione personale e generosa per il riscatto dell'umanità redenta e peccatrice.

* * *

La vita soprannaturale si sviluppa armonicamente tra la munificenza divina e la fedeltà umana.

Fra le tante torture corporali e spirituali, padre Pio vede sempre la volontà di Dio che opera per il nostro bene: «*si faccia sempre di me ed intorno a me in tutto e per tutto la santissima e amabilissima volontà di Dio, perché è questo quello che mi ha retto. So che lui non opera senza fini santissimi, utili a noi*».

Teme di ridursi «*in cenere di peccati*», ma non vuole assolutamente offendere Dio, perché l'offesa di un sacerdote è «*molto più*» grave di quella di ogni fedele.

Fortifica la sua debolezza con la comunione quotidiana, prega «*ai piedi di Gesù*» davanti al tabernacolo; ricorre fiducioso «*alla comune nostra madre Maria*»; e chiede lume e conforto ai suoi direttori spirituali.

In tanto buio doloroso, la presenza di Dio premia la buona volontà: di tanto in tanto una spera di sole che fa gustare una «*gioia spirituale da non potersi spiegare*».

Capitolo IV

ALL'OMBRA DI SAN FRANCESCO

La grazia che padre Pio chiede a Gesù: di farlo «*almeno*» morire dove egli con tanta bontà lo chiamò, dopo un anno di «*dolce speranza*», attraverso avvenimenti preparati con studiato piano di accerchiamento, è concessa.

Sempre per motivi di salute, tornato all'ombra di san Francesco, in cerca di aria di montagna che lo solleva alquanto, dalla pianura passa alla collina, dove la Provvidenza lo pianta e non lo fa sradicare da nessun evento umano.

Fatelo confessare

Durante il servizio militare, dopo la prima licenza del dicembre 1915, i padri Agostino e Benedetto partecipano alla gioia di padre Pio e ringraziano Iddio per averlo salvato, almeno temporaneamente, «*dalla Babilonia*» e tornano ad insistere che il suo posto è il convento.

Dopo parecchi tentativi, finalmente un giovedì di febbraio, il giorno 17 dell'anno

1916, padre Pio assieme a padre Agostino giunge a Foggia e resta sette mesi circa nel convento di sant'Anna.

Recatosi soltanto per assistere l'anima della nobil donna Raffaelina Cerase, padre Benedetto che l'aspettava, gl'ingiunge di restare «*vivo o morto*» in convento e padre Pio non si mosse.

Era questa santa donna, che già padre Pio dirigeva per corrispondenza epistolare e che volò al cielo il 25 marzo 1916 assistita fino all'ultimo dal suo «*caro*», «*buono*», «*santo*» consigliere, che insisteva presso padre Agostino a farlo tornare in convento, perché avrebbe fatto tanto bene alle anime: «*Fatelo tornare e fatelo confessare, che farà molto bene!...*».

E vide giusto: padre Pio con la confessione avrebbe salvato tante anime, iniziando una nuova feconda tappa della sua attività ministeriale.

Una «*turba di anime assetate di Gesù mi si piomba addosso* – scriveva padre Pio quand'era a Foggia –. *Mi sento rallegrato nel Signore, perché vedo che le file delle anime elette si vanno sempre più ingrossando e Gesù più amato*».

Assieme a padre Pio arriva nel convento anche il nemico del bene il diavolo, ma un diavolo all'antica perché troppo fracassone, buono per quei tempi; oggi, anch'esso aggiornato, è diventato talmente silenzioso da far quasi credere che non esista più, per poter così lavorare, indisturbato, alacremente in mezzo ai figli degli uomini.

Testimoni di tali manifestazioni diaboliche, vittima padre Pio ma sempre vincitore, la fraternità e gli ospiti, compreso un vescovo e suo domestico.

Il padre guardiano del convento di sant'Anna nel suo manoscritto parla anche di «*risposte in lontananza*», di «*visioni*» e di «*Messe lunghe*» di padre Pio.

Vieni a S. Giovanni Rotondo

Il 14 maggio 1914 padre Pio, rispondendo al padre provinciale esortava alla preghiera, perché «*le cose* –scriveva – *si vanno piuttosto ingarbugliando e se lui* [il Signore] *non vi pone rimedio l'affare andrà malissimo*».

Parlava della guerra che sarebbe scoppiata, di cui «*la più innocente vittima*» fu Pio X, «*anima veramente nobile*».

Anche lui chiamato alle armi, sempre disposto alla volontà divina, si appresta ad affrontare quest'altra prova, pregando il Signore che il suo spirito «*non abbia di nulla a lamentarsi ed il nemico nostro di nulla a gloriarsi*».

Mentre dimorava a sant'Anna, si sentiva soffocare dal grande caldo della pianura e per questo fu invitato a passare alcuni giorni a S. Giovanni Rotondo.

Trovatone giovamento, il padre provinciale volentieri lo trasferisce in questo «*convento di desolazione*», come lo definisce un cappuccino ivi residente nel 1915; lontano dal paese, «*raramente in chiesa vengono persone, profondo silenzio mi circonda, solo ascolto di tanto in tanto il suono del campanaccio appeso al collo di qualche capra o di qualche pecora, che i pastori accompagnano a pascolare sulla montagna che sorge dietro al convento*».

Convento di desolazione per gli altri, monte della Verna per padre Pio.

Il primo manipolo

La solitudine del convento spariva a mano a mano che anime assetate di Dio scoprivano nel nuovo arrivato un richiamo potente del divino.

Si sviluppava quel seme che padre Pio aveva iniziato a coltivare sin dalla permanenza a Pietrelcina ed a Foggia, ma in una forma più specifica ed organica, anche se forma e metodo nel corso dei suoi lunghi anni di direzione spirituale, per circostanze interne ed esterne pubbliche personali e numeriche, non si son potuti conservare identici, pur appli-

Al Figlio per mezzo della Madre

cando sin all'ultimo le linee fondamentali primordiali.

Metodo direzionale non trascendentale ma semplice e tradizionale, nutrito di praticità e sviluppato con esperienza; principi elementari di vita cristiana, suggeriti ed inculcati secondo i bisogni e le capacità di ciascun'anima; e sempre e dovunque buon esempio che trascinava alla conquista della virtù, aiutate molto generosamente dalla preghiera e dal sacrificio del direttore spirituale: «*Tu saresti finita in manicomio. Vedrai nel giorno del giudizio quello che ho fatto per te*». Così padre Pio ad una scrupolosa, guarita con infinita pazienza.

Iniziò con delle conferenze in comune, spiegando i principali mezzi di perfezione cristiana ed alla fine sciolse le adunanze generali e disse: «*Il materiale è pronto, ora incominciate a costruire*».

Insisteva molto sulla *meditazione quotidiana e la lettura spirituale*, spiegandone l'efficacia, la necessità, suggerendo i temi ed insegnandone il metodo.

Le anime sante meditano spesso e bene, non fanno che raccomandare l'orazione mentale; e per il cristiano «*ogni verità di nostra santa religione* – scrive padre Pio – *può e deve essere oggetto di meditazione*». Però l'anima «*abitualmente*» si ferma sulla vita, passione, morte e risurrezione di Gesù signor nostro, tema più appropriato, soave, delizioso e proficuo che si possa scegliere: contemplare spesso Gesù è riempire l'anima nostra di lui. Conoscendo il suo modo di agire, modelleremo le nostre azioni sulle sue azioni.

Un altro mezzo per vivere in grazia e raggiungere la perfezione cristiana: la lettura spirituale. Lo scopo di tutta la vita spirituale è la imitazione di Cristo, ma per seguirlo bisogna conoscerlo: la lettura della Sacra Scrittura e degli altri libri santi e devoti ci fa «*cercare*» Dio, ci stimola a «*rigettare tutti i pensieri malvagi*».

I libri spirituali sono come uno specchio che Dio ci pone davanti: «*mirandoci in essi ci correggiamo dei nostri errori e ci adorniamo di ogni virtù*».

Inculcava l'obbedienza, fin dai primi giorni che l'anima si affidava alla sua direzione.

Esortava alla *frequenza della confessione e comunione*. Una sera «*papà mi domandò: "Ogni quanti giorni ti confessi?". "Ogni settimana"* –, è la testimonianza di una figlia spirituale –. *"Eh!... così spesso? e che cosa dici al padre?": "Dico i peccati!". "Ma che peccati fai tu? Io ti ho sempre davanti e vedo che peccati non ne fai". Appena vidi il padre, gli riferii il colloquio avuto con papà. Il padre mi portò un paragone* ad hoc *che mi servì di esempio per tutti quelli che non vogliono confessarsi, perché dicono che non hanno peccati. Il padre, dunque, mi disse: "Dirai a papà che una stanza ben pulita e anche non praticata, se ci ritorni dopo otto giorni, vedrai che c'è la polvere e ha bisogno di essere rispolverata"*».

Dosava con discrezione e discernimento la *mortificazione* corporale e spirituale, come l'agricoltore che ha cure diverse per le diverse piante: a chi poteva sopportare le penitenze corporali, gliele suggeriva: «*per riparare* – diceva – *i propri e gli altrui peccati, per aiutare Gesù nella salvezza delle anime*»; a chi, invece, non credeva opportuno, gliela sconsigliava: «*Quando era quaresima domandavo per fare il digiuno e lui mi rispondeva: "Figlia mia, non ti reggi in piedi, che digiuno puoi fare?"*».

A mano a mano che le anime progredivano nella virtù, ci pensava lui stesso «*a sgretolare le macerie*». Nel seguire padre Pio – confessa candidamente una sua figlia spirituale – «*si soffriva fortemente*».

Accanto ai punti cardini, suggeriva anche devozioni particolari ed aveva una predilezione per la purezza.

La sua direzione abbracciava tutta la vita con le sue molteplici attività: «*Entrava in tutte le azioni della nostra giornata, in tutta la vita della nostra famiglia, per poterla indirizzare secondo le leggi cristiane morali e civili. Ognuna di noi doveva essere come un faro della famiglia; in tal modo tutta la famiglia finiva con indirizzarsi verso il padre e riceverne le direttive*».

Ricordava che il Signore ci ha chiamati non solo per la nostra santificazione, ma anche per la salvezza del prossimo; il suo intento era di formare «*poche anime e bene, le quali a lor volta saranno semenza per altre anime*».

Il bene spirituale del prossimo non fa trascurare il bene dell'anima propria e l'itinerario di padre Pio verso Dio è un continuo crescendo, anche se la sua vita intima è tale da non comprenderla neppure lui stesso e crede sia «*meglio uno stretto silenzio che un mal parlare*».

* * *

Direzione spirituale che si svolge nell'alveo della dottrina classica, sempre valida ed efficace per tutti i tempi, compresa l'esortazione alla confessione frequente, oggi non da tutti insegnata, praticata e ritenuta utile, ma la Chiesa – anche oggi – dà ragione a padre Pio.

Nel «Rito della penitenza» (1974): «*coloro che commettono peccati veniali, e fanno così la quotidiana esperienza della loro debolezza, con la ripetuta celebrazione della penitenza riprendono forza e vigore per proseguire il cammino*

San Giovanni Rotondo - Santuario Santa Maria delle Grazie

verso la piena libertà dei figli di Dio [...]. *Anche per i peccati veniali è molto utile il ricorso assiduo e frequente a questo sacramento»* (Premesse, n. 7).

La Sacra Congregazione per la Dottrina della Fede (16 giugno 1972), dettando le «Norme pastorali circa l'assoluzione sacramentale generale», al n. 12 ha: *«per quanto riguarda la pratica della confessione frequente o 'di devozione', i sacerdoti non si permettano di dissuaderne i fedeli. Al contrario facciano rilevare i frutti abbondanti che essa apporta alla vita cristiana, e si dimostrino sempre pronti ad ascoltarla, ogni qualvolta i fedeli ragionevolmente ne fanno richiesta. Bisogna assolutamente evitare che la confessione individuale sia riservata ai soli peccati gravi; ciò, infatti priverebbe i fedeli dell'ottimo frutto della confessione».*

Capitolo V

LA MIA CROCIFISSIONE

Nel crescendo continuo dell'itinerario di padre Pio verso Dio, tra i fenomeni più salienti e significativi, ricordiamo le «*ferite*» e le «*piaghe d'amore*».

Il 5 agosto 1918, in seguito ad altre ferite d'amore, riceve lo straordinario favore della trasverberazione, che lo fa «*spasimare assiduamente*».

Il 20 settembre 1918 ha mani, piedi e costato traforati e grondanti sangue.

Una ferita sempre aperta

Gli studiosi di mistica, guidati dagli stessi mistici, parlano di «*ferite d'amore*» che, secondo san Giovanni della Croce, sono «*alcuni tocchi di amore i quali, come saette di fuoco, feriscono e trapassano l'anima, lasciandola cauterizzata con fuoco amoroso*».

La «*ferita*» nasce nell'anima dalle notizie dell'Amato, che riceve dalle creature «*le quali sono l'opera più perfetta di Dio*».

Le «*piaghe d'amore*», anch'esso un fenomeno simile alle ferite ma più profondo, lo stesso san Giovanni della Croce così lo distingue: «*la piaga nell'anima si imprime maggiormente e quindi dura di più, mediante la quale l'anima si sente veramente piagata d'amore*».

La « *piaga*» viene prodotta nell'anima dalle notizie delle opere dell'incarnazione del Verbo e dei misteri della fede che sono «*le maggiori opere di Dio*»; appare all'esterno o trapassando fisicamente il cuore (trasverberazione) o manifestandosi in alcune parti del corpo, come alle mani, ai piedi ed al costato (stigmatizzazione).

La «trasverberazione» – chiamata da alcuni «*assalto del Serafino*» – è una grazia eminentemente santificatrice: l'anima, «*infuocata di amore di Dio*», è «*interiormente assalita da un Serafino*», il quale, bruciandola, «*la trafigge fino in fondo con un dardo di fuoco*», e l'anima è pervasa da soavità deliziosissime.

Padre Pio ricevette questa grazia la sera del 5 agosto 1918, mentre confessava i ragazzi del seminario cappuccino.

Il *"personaggio"* si presenta «*dinanzi agli occhi dell'intelligenza*» – scrive in una lettera del 21 agosto, stesso anno, al direttore spirituale – con in mano una specie di arnese, simile ad una lunghissima lamina di ferro, con una punta ben affilata e che sembrava da essa punta che uscisse fuoco.

«*Vedere tutto questo ed osservare detto*

Mani, piedi e costato traforati

personaggio scagliare con tutta violenza il suddetto arnese sull'anima, fu tutto una cosa sola [...]. Mi sentivo morire [...]. Questo martirio durò, senza interruzione, fino al mattino del giorno sette».

Persino le viscere sente «*strappate e stiracchiate dietro quell'arnese, ed il tutto è messo a ferro e a fuoco*». Da quel giorno è ferito a morte: sente nel più intimo dell'anima una ferita che è «*sempre aperta*», che lo fa «*spasimare assiduamente*».

Si vede sommerso «*in un oceano di fuoco*» – scrive il 5 settembre 1918 – e la ferita «*sanguina e sanguina sempre*».

Tutto il suo interno «*piove sangue e più volte l'occhio è costretto a rassegnarsi a vederlo scorrere anche al di fuori*», scrive il 17 ottobre 1918. Il personaggio misterioso non dà tempo al tempo: sulle piaghe antiche ancora aperte, apre delle nuove «*con infinito strazio della povera vittima*».

Mani, piedi e costato traforati

La grazia santificatrice della trasverberazione in padre Pio è come il preludio della grazia carismatica della stigmatizzazione, da Dio concessa a vantaggio degli altri.

I primi segni del prodigio apparvero nell'autunno del 1910, e lo racconta lui stesso al suo direttore spirituale un anno dopo, perché vinto da quella «*maledetta vergogna*» che lo attanaglia nello svelare le cose sue.

«*In mezzo alla palma delle mani* – scrive l'8 settembre 1911 – *è apparso un po' di rosso quanto la forma di un centesimo, accompagnato anche da un forte e acuto dolore in mezzo a quel po' di rosso. Questo dolore era più sensibile in mezzo alla mano sinistra, tanto che dura ancora. Anche sotto i piedi avverto un po' di dolore*».

In seguito scomparvero i segni, ma continuarono i dolori: «*dal giovedì sera* – scrive il 21 marzo 1912 – *fino al sabato, come anche il martedì è una tragedia dolorosa per me. Il cuore, le mani ed i piedi sembrami che siano trapassati da una spada; tanto è il dolore che ne sento*».

Poi il prodigio del 20 settembre 1918 e da allora rimase permanentemente visibile.

Dopo ripetute richieste del direttore spirituale e superando la enorme ripugnanza che sentiva nel dover parlare di un favore così straordinario, padre Pio il 22 ottobre 1918 gli invia un commovente e verace ragguaglio dell'avvenimento: «*Cosa dirvi a riguardo di ciò che mi dimandate del come sia avvenuta la mia crocifissione? Mio Dio, che confusione e che umiliazione io provo nel dover manifesta-*

Il Crocifisso delle stimmate

re ciò che tu hai operato in questa tua meschina creatura!».

La mattina del 20 settembre, durante il ringraziamento della santa Messa, in coro gli apparve lo stesso «*misterioso personaggio*» del 5 agosto, ma «*con le mani ed i piedi ed il costato che grondava sangue*».

La sua vista lo atterrisce, si sente sbalzare il cuore dal petto, il personaggio si ritira «*ed io mi avvidi che mani, piedi e costato erano traforati e, grondavano sangue. Immaginate lo strazio che esperimentai allora e che vado esperimentando continuamente quasi tutti i giorni*».

* * *

Padre Pio non ha nai cercato né desiderato vie straordinarie per amare il suo Signore.

Diffidava sempre di sé di fronte a fenomeni fuori dell'ordinario, con cui la divina bontà arricchiva la sua vita e si acquietava e rasserenava, affidandosi al giudizio dei suoi direttori spirituali.

Di fronte al fenomeno della trasverberazione rimane sconcertato e «*non è questa una nuova punizione* – scrive a padre Benedetto il 21 agosto 1918 – *inflittami dalla giustizia divina? Giudicatelo voi quanta verità sia contenuta in questo e se io non ho tutte le ragioni di temere e di non essere in una estrema angoscia*».

Padre Benedetto, che non era frettoloso a pronunciarsi su certi fenomeni, questa volta con una risposta rapida, chiara e illuminante, da autentico maestro di spirito rassicura il suo diretto: «*tutto quello che avviene in voi* – risponde il 27 agosto 1918 – *è effetto di amore, è prova, è vocazione a corredimere, è fonte di gloria* [...]. *La vostra è una unione dolorosa. Il fatto della ferita compie la passione come compì quella dell'amato sulla croce* [...]. *Baciate la mano che vi ha trasverberato e stringetevi dolcissimamente cotesta ferita che è suggello d'amore*».

Di fronte allo «*strazio*» ed alla «*confusione*» delle stimmate, padre Pio rivolge al Signore i «*gemiti del mio povero cuore*», perché ascolti e ritiri da lui tale «*operazione*». Gesù che è «*tanto buono*» gli deve fare questa grazia, togliendogli almeno la confusione che esperimenta per i «*segni esterni: innalzerò forte la mia voce a lui e non desisterò di scongiurarlo, affinché per sua misercordia ritiri da me non lo strazio, non il dolore, perché lo veggo impossibile ed io sento di volermi inebriare di dolore, ma questi segni esterni che mi sono di una confusione e di una umiliazione indescrivibile ed insostenibile*».

La Provvidenza divina non esaudì il cocente desiderio del suo prediletto: non ritirò «*i segni*» dal suo corpo, perché doveva essere segno ai figli degli uomini brancolanti nelle tenebre, crocifisso assieme al crocifisso Signore.

Capitolo VI

UN TRASFERIMENTO MAI ESEGUITO

Padre Pio, che «*non parlava mai di se stesso*», neppure in «*questa circostanza così solenne della sua vita*» mutò comportamento, anzi occultava come poteva «*il dono di Dio*».

I superiori usavano diligenza a non permettere che le «*cose divine*» fossero portate in piazza, ma la notizia si spandeva a macchia d'olio e si divulgava rapidamente.

La folla cresceva sempre più!

Aveva inizio quel vasto movimento di folle che avrebbero assediato il convento e gli avrebbero tolta la pace fino allora goduta.

Da ogni parte del mondo giungono domande di preghiere, spesso ringraziamento di grazie ottenute; dalle più lontane regioni giungono visitatori, guidati non da malsana curiosità ma da vero spirito di devozione.

Nella buona stagione vi sono migliaia di comunioni al giorno e padre Pio confessa a volte fino a 16 ore al giorno; «*ritorni alle pratiche religiose, conversioni alla fede. E tutto questo costituisce per me* – testimonianza del padre provinciale del tempo – *il vero prodigio ed attesta che il Signore ha voluto rivelare questo suo Eletto per il bene delle anime e per la gloria del suo nome*».

«*Non ho un minuto libero* – scrive lo stesso padre Pio in una lettera del 3 giugno 1919 – *tutto il tempo è speso nel prosciogliere i fratelli dai lacci di satana. Benedetto sia Dio [...]. Qui vengono persone innumerevoli di qualunque classe e di entrambi i sessi, per solo scopo di confessarsi e da questo solo scopo vengo richiesto. Vi sono delle splendide conversioni*».

Padre Pio ha veramente il dono di sollevare, fortificare, illuminare ed orientare le anime che il Signore gli manda.

«*Oh voglia il Signore conservare a lungo quest'angelo in carne, a bene delle anime, a confusione degli empi!*» – esclama il vescovo di Melfi e Rapolla (14 settembre 1919), che impresse «*caldi baci*» su quelle «*bocche troppo eloquenti*»: le stimmate.

Cauti, ma non increduli

Ma non tutti la pensano e giudicano allo stesso modo. Durante il periodo di cui ci stiamo occupando – anno 1918 e seguenti – accuse, per usare una voce morbida, anche le più «banali» contro i frati e padre Pio se ne sfornano alacremente, ma un papa – Benedetto XV – che giudica padre Pio «*un uomo veramente straordinario, che Dio manda di tanto in tanto sulla terra per convertire gli uomini*», ben informato dai suoi inviati speciali e fidatissimi, ammonisce che «*è bene andar cauti, ma è male mostrarsi tanto increduli*».

Benedetto XV morì improvvisamente il 22 gennaio 1922.

Il 2 giugno 1922 il Santo Uffizio, «*presi in esame i fatti avvenuti*» nella persona di padre Pio, emana delle disposizioni, tra le quali: per nessun motivo mostri le così dette stimmate e ne parli o le faccia baciare: deve avere un altro direttore spirituale diverso dal padre Benedetto da S. Marco in Lamis, col quale dovrà interrompere ogni comunicazione anche epistolare; sarebbe necessario che il padre Pio fosse allontanato da S. Giovanni Rotondo e collocato in altro luogo fuori della sua provincia religiosa; infine da parte di padre Pio o di altri per lui, non si risponda più a quelle lettere che gli verranno indirizzate da persone devote per consigli, per grazie o per altri motivi.

Padre Pio chinò il capo ed obbedì e lo stesso fece padre Benedetto.

"Vengo con lei, quando e dove vuole"

Il Santo Uffizio, di fronte al crecente movimento di massa, continua a vigilare con occhio attento il fenomeno e il 31 maggio 1923, «*premessa una inchiesta sui fatti che vengono attribuiti a padre Pio da Pietrelcina* [...], *dichiara di non constare da tale inchiesta della soprannaturalità di quei fatti, ed esorta i fedeli a conformarsi nel loro modo di agire a questa dichiarazione*».

Padre Pio si chiude in un grande silenzio ed in perfetta obbedienza accoglie la decisione, però non tutti seguono il suo esempio.

Anche dopo i ripetuti interventi del Santo Uffizio, l'entusiasmo di molti continua ed allora si insiste di eseguire il già emanato ordine di allontanamento di padre Pio da S. Giovanni Rotondo.

Non era facile: il popolo si organizzava, si agitava, minacciava, e non invano. Il convento era sorvegliato di giorno e di notte.

Chi desiderava e comandava un «*trasloco subito*», non si illudeva di dare un ordine facile e perciò ingiungeva «*almeno di preparare la cosa in modo da trovarsi quanto prima in grado di compierla*».

Venuto a conoscenza del trasferimento, padre Pio: "*Eccomi a sua disposizione* – risponde al superiore –; *partiamo subito; quan-*

do sono con il superiore sono con Dio". Allora soggiunsi: "Ma verresti subito con me? E' notte inoltrata, dove andiamo?". "Non lo so. Vengo con lei, quando e dove vuole vostra paternità".

Era mezzanotte. Dominando l'emozione, il superiore spiegò che l'obbedienza sarebbe stata esecutiva dopo ulteriori ordini ricevuti da Roma.

Questo nella prima quindicina di agosto. Il 27 agosto 1923, in una lettera ribadisce la sua completa disponibilità: «*Credo non ci sia bisogno dirle quanto io, grazie a Dio, sia disposto a ubbidire a qualunque ordine mi venga notificato dai miei superiori. La voce loro è per me quella di Dio, cui voglio serbar fede fino alla morte; e, coll'aiuto suo, ubbidirò a qualsiasi comando per quanto penoso possa riuscire alla mia miseria*».

Trasferire padre Pio sì, ma attenendosi ad una grande prudenza e senza essere troppo frettolosi a compiere un dovere, che di fronte a circostanze concrete non esige troppa fretta.

Durante una visita di un funzionario di Polizia, inviato da Roma, anche se placata da assicurazioni, la popolazione rimase sempre diffidente, tanto che una scorta vigilante di contadini fu posta permanentemente a guardia del convento, decisa a tutto per evitare il trasloco di padre Pio.

Chi ripetutamente aveva esclamato: «*Se padre Pio fosse un buon religioso obbedirebbe, abbandonando subito S. Giovanni*», non conosceva o non voleva conoscere la realtà dei fatti. La situazione non era così semplice come si voleva far credere: padre Pio non partiva, perché i superiori non volevano che partisse!... Sembra un controsenso, eppure è così: non sono mai riusciti a trovare – i superiori – il modo ed il momento buono per il trasferimento e perciò quegli stessi che desideravano insistentemente l'esecuzione degli ordini dati, di fronte ad una reazione popolare incontrollata si facevano guidare dalla prudenza e dalla pazienza.

Santa creatura

Mentre gli altri inquisiscono, litigano e si querelano, padre Pio, «*con meravigliosa pazienza* – dice il padre guardiano del tempo – *contenta tutti*», nonostante stia poco bene, debolissimo e l'assedio dei forestieri, qualche giorno, sia continuo.

La luce che si sprigiona dalla sua virtù non è offuscata dalle nubi con le quali si tenta vanamente intralciare il suo cammino e la sua ascensione a Dio.

Coro, chiesa e cella: questa è la sua vita.

Sempre lo stesso lavoro, sempre la stessa ritiratezza. Una dolorosa interruzione a tale metodo di vita: il 3 gennaio 1929 la morte della mamma, avvenuta a S. Giovanni Rotondo, ove si era recata per passare vicino al figlio – dopo parecchi anni che non lo vedeva – le sante feste natalizie.

Chi ha la fortuna di avvicinarlo ne resta «*entusiasta*» e parte sollevato dalle miserie e dai dolori deposti ai suoi piedi.

In molte pagine del diario del padre guardiano del tempo è cosa ordinaria leggere: la mattina è stata occupata dal padre nelle confessioni; sino alla sera un via vai di persone che vengono per confessarsi; si rimane in confessionale sino alle 11 in tre e dalle tre e mezzo alle sei e mezzo pomeridiane sempre a confessare uomini e donne; giovedì santo 800 persone (in quella chiesetta!...): uomini 350; comunioni 700, tutti comunicati da padre Pio celebrante; padre Pio è sempre pronto a confessare, anche se debole e indisposto: «*in tutto il giorno il padre è occupato a sentire miserie e dolori di uno e di un altro, e veramente con pazienza ammirevole e da santo, perché con la sola forza umana non potrebbesi resistere così a lungo e quotidianamente*».

A cui fa eco la testimonianza dei fedeli; un ottimo parroco: «*sono molto depresso fisicamente e moralmente e sogno e sospiro il mo-*

mento di fare una scappata a S. Giovanni per rinfrancarmi nell'anima»; un allievo ufficiale della Regia Accademia di Modena si ricorda che «*molto lontano, sopra una collina verdeggiante in purità di spirito, una santa creatura, sensibile a tutte le miserie umane, prega il Padre, intercede per i poveri derelitti del mondo*» e ritorna ad implorare assistenza spirituale; un convertito: «*è bastato che io mi accostassi a lui, perché io mi accostassi a Dio. Sono felice, divinamente felice*».

* * *

Durante questo tribolato periodo della sua vita padre Pio ci dà un perfetto esempio di obbedienza.

Mentre tanta gente si occupa e si preoccupa attorno a lui, egli tutto questo lo sa, ma non si sconcerta di nulla: segue la sua via tranquillo ed obbediente al minimo cenno – è il suo padre guardiano che lo dice – non fa osservazione a qualsiasi innovazione al suo consueto modo di vivere; il solito sorriso sfiora sempre il suo labbro, la solita cordialità continua ad usare con tutti; «*una cosa sola sembrami scorgere: la preoccupazione in lui se assolve alla sua missione di bene nelle anime. Per me sì* – risponde affermativamente a se stesso il padre guardiano – *perché è un esempio di sacrificio della propria volontà a quella dell'autorità».*

Serenità, però, conquistata e non calma da macigno, perché anche padre Pio è un uomo che soffre, segue con preoccupazione ciò che per lui e attorno a lui succede, e uniforma la propria volontà, a goccia a goccia, penosamente ma generosamente a quella di Cristo, crocifisso per obbedienza.

La sorgente a cui attingere forza e perseveranza è la preghiera: padre Pio, assolto il ministero sacerdotale, si può dire che «*passa quasi tutta la giornata in continua orazione, specie mentale*», la sera resta in coro fino a tarda ora, sempre e da tutti è ammirata la sua attenzione, devozione e raccoglimento quando celebra, con un preparamento e ringraziamento che si protraono oltre un'ora.

«*Per quanto grande sia la prova* – ci suggerisce lo stesso padre Pio (lettera del 7 dicembre 1915) – *a cui il Signore vi sottoporrà [...], non vi perdete mai di coraggio. Ricorrete con più filiale abbandono a Gesù [...]. La potenza di Dio, è vero, di tutto trionfa, ma l'umile e dolente preghiera trionfa di Dio medesimo [...]. Oh! se tutti gli uomini di questo gran segreto della vita cristiana [...] ne facessero in se stessi l'esperienza, quanto abbondante frutto di santità in sé ne esperimenterebbero!*».

Capitolo VII

CON DIO E TRA LE ANIME

La sua giornata padre Pio la continua a passare pregando, leggendo e confessando le persone che lo attendono: «*con tutta pazienza ascolta le loro confessioni e li rimanda* – ordinariamente – *contenti e soddisfatti, perché lì trovano la pace che da tempo avevano perduto*».

La sua Messa: meraviglioso spettacolo di fede e di devozione; «*chi lo ha visto una volta celebrare non lo dimentica più*».

I suoi amori: l'Eucaristia, la Madonna, la Chiesa.

Un dialogo interrotto

La cittadinanza non disarma ed è sempre pronta ad «*insorgere di un sol cuore*», per difendere «*anche a mano armata*» padre Pio, che «*ci è più caro della nostra medesima vita*».

Considerate tutte le circostanze, giacché padre Pio non può partire, si aggira la situazione con un «*grave provvedimento*» (23 maggio 1931), del seguente tenore: padre Pio viene privato di tutte le facoltà di ministero, eccetto la santa Messa che potrà celebrare non in chiesa ma privatamente nella cappella interna del convento, senza la partecipazione di alcuno.

Il padre guardiano, preso da un senso di scoraggiamento e di avvilimento, tentenna, procrastina, ma alla fine, un dopo vespro, si decide a comunicarlo a padre Pio che, come al solito, stava in coro a pregare.

Conosciuto il provvedimento, alzando gli occhi al cielo, disse: «*Sia fatta la volontà di Dio*». «*Poi si coprì gli occhi con le mani, chinò il capo e più non fiatò. Cercai di confortarlo* – ci dice il povero padre guardiano – *ma il conforto egli lo trovò solo in Gesù pendente dalla croce, perché poco dopo tornò in coro e vi restò fino alla mezzanotte ed oltre*».

Non potendo parlare agli uomini di Dio intensificò il suo colloquio con Dio parlandogli degli uomini.

La mattina dell'11 giugno 1931 padre Pio celebra nella cappellina interna del convento con il solo inserviente, restando sull'altare per più di tre ore; e così quasi tutte le mattine.

La notizia del provvedimento si sparse in un baleno, non soltanto in chiesa ma anche in regioni lontane; numerosi furono i telegrammi e le lettere di dispiacere e di conforto di tante anime che a lui si univano nella preghiera.

Vi benedica Dio onnipotente

Giorno 14 luglio 1933, festa di san Bonaventura: anno di grazia. Padre Pio può celebrare di nuovo in chiesa e confessare i religiosi fuori chiesa.

Appresa la notizia, egli si alza, va ad inginocchiarsi davanti al padre provinciale, gli bacia la mano e ringrazia il Santo Padre per la sua paterna bontà.

La domenica 16 luglio scende per celebrare alle ore 9, tra la «*visibile e profonda commozione*» dei presenti; un sacerdote bavarese: «*per me* – testimonia – *S. Giovanni Rontondo è stata una novella Assisi; ed ascoltando la Messa di Padre Pio, ho visto Gesù Cristo sulla terra rivivere dopo tanti secoli!...*».

Diffusasi la notizia, riprende l'afflusso dei fedeli ed aumentano le confessioni e le comunioni. Padre Pio il 25 marzo 1934, domenica delle Palme, riprende ad ascoltare le confessioni degli uomini ed il 12 maggio successivo quelle delle donne.

Ricercato direttore di coscienza, da allora sino alla morte, assiduo nell'ascoltare le sacramentali confessioni, il suo confessionale è «*sempre affollatissimo*», fedele al suo proposito: «*preferisco essere portato al confessionale sopra una sedia, anziché non poter più confessare*», recandovisi – negli ultimi tempi – proprio su una sedia a rotelle.

E' la lucerna che il Signore ha posto sul

moggio: non può occultarsi e attira tante anime con il suo chiarore e calore: «*Sì, sì andate, ne avrete del bene*», rispondeva Pio XII ad un gruppo di pellegrini francesi, che domandavano se potevano recarsi a S. Giovanni Rotondo.

La sorgente della santità

E' l'Eucarestia.

Se l'azione che un sacerdote può svolgere per la salvezza del mondo è multiforme, la più degna, la più efficace, la più duratura è senza dubbio quella di «*farsi dispensatore dell'Eucarestia, dopo essersene egli stesso abbondantemente nutrito. L'opera non sarebbe più sacerdotale, se egli, sia pure per lo zelo delle anime, mettesse in secondo luogo la 'vocazione eucaristica'*» (Pio XII).

Il Concilio Vaticano II ribadisce lo stesso concetto: i sacerdoti quando celebrano il sacrificio eucaristico svolgono la loro «*funzione principale*»; «*nella santissima Eucarestia è racchiuso tutto il bene spirituale della Chiesa, cioè lo stesso Cristo*».

Padre Pio «*viveva per la Messa*», «*viveva della Messa*», per lui «*sorgente della luce, della forza, dell'alimento del suo duro servizio per la salvezza dei peccatori*», proprio come insegna il Concilio Vaticano II: «*tutti i sacramenti, come pure tutti i ministeri ecclasiastici e le opere di apostolato, sono strettamente uniti alla Eucarestia e ad essa sono ordinati*».

La sua Messa, celebrata in una maniera inconfondibile, richiamava l'attenzione ed incideva sulla devozione di quanti la presenziavano.

Il «Corpus Christi eucharisticum» era la sua fonte di apostolato, centro ed alimento della sua vita interiore; il suo cuore smaniava di unirsi a Lui sin dalle primissime ore del mattino; le sue preparazioni alla Messa o Comunione erano veglie prolungate. Passata la mezzanotte, «*per il povero Padre era un tormento, un'ansia continua* [...]. *Dall'altare pendeva tutta la sua vita, con il suo amore, con il suo dolore, con la sua carità; ed ha trasfuso nei suoi figli tutto l'ardore che gli veniva dal Corpo e dal Sangue di Gesù*».

La Messa perdura nel *culto eucaristico*, perciò il magistero ecclesiastico ricorda al sacerdote non soltanto che egli «*prima di tutto è ordinato alla celebrazione eucaristica*» e di questo Sacramento deve farne «*alimento di vita soprannaturale per sé e per i fedeli*», ma gli raccomanda anche la «*ineguagliabile importanza del culto eucaristico fuori della Messa*».

Pare di vedere ancora padre Pio, quale «*singolare sentinella*», al suo posto abituale del vecchio coro o del matroneo della nuova chiesa, in un colloquio incessante ed intimo con Gesù ostia, «*mentre le anime lo fissano con una protesa attenzione, legate fra loro da una stessa forza: quella dell'unità dello spirito*».

Al Figlio per mezzo della Madre

Lo stesso magistero ecclesiastico esorta i sacerdoti a venerare e amare, «*con devozione e culto filiale*», «*la Madre del Sommo ed Eterno Sacerdote, la Regina degli Apostoli, l'Ausilio dei Presbiteri nel loro ministero*».

E Paolo VI propone ai singoli cristiani, come «*maestra di vita spirituale*», Maria, «*modello di tutta la Chiesa nell'esercizio del culto divino*»: guardare a Maria, per fare, come lei, della propria vita un culto a Dio e del loro culto un impegno di vita.

La venerazione e l'amore a Maria santissima è una delle componenti essenziali della spiritualità di padre Pio, ma non è nostro fine dimostrarlo, qui accenniamo soltanto al pio esercizio del santo Rosario o corona della beata Vergine Maria, di cui egli era talmente innamorato da diventare un «*rosario vivente*».

Il problema dei problemi per ogni cristiano è – anche attraverso il culto – l'esigenza di rivestirsi di Cristo, conoscerlo, approfondire il suo insegnamento, amarlo. Il Concilio Vaticano II valorizza la Liturgia come una delle vie maestre che conduce a Cristo, «*ritenuta come l'esercizio di Gesù Cristo stesso*».

Ma vi sono anche altre vie capaci di condurre anime a Cristo: una di queste è il Rosario, infatti esso ci fissa in Lui, nei quadri della sua vita e della sua teologia, «*non solo con Maria, bensì, per quanto a noi possibile, come Maria, che è certamente quella che più di tutti lo ha pensato*» (Paolo VI).

La presentazione allo sguardo spirituale dell'orante dei «*misteri del Rosario*», fanno di questo pio esercizio una meditazione cristologica, perché ci aiutano a studiare Cristo dal migliore posto di osservazione, e cioè da Maria stessa.

Ci può essere migliore guida di una Madre al Figlio? «*Con lei, nel Rosario, percorriamo sicuri il cammino della storia della salvezza nel nucleo centrale di attuazione del piano stesso. E' la via storica che anche il Concilio Ecumenico Vaticano II ha vivamente raccomandato*» (card. Palazzini).

A questa «*preghièra evangelica*» – come oggi, forse più che nel passato, amano definirla i pastori e gli studiosi – padre Pio attingeva continuamente per l'impegno apostolico e la efficace promozione della vita cristiana.

Contemplava Maria nel piano della salvezza voluto da Dio e, nella sua luce, si sentiva più vicino a Gesù: «*stretto e legato al Figlio* – diceva – *per mezzo della Madre*»; «*questa tenerissima Madre nella sua grande misericordia, sapienza e bontà ha voluto punirmi in modo assai eccelso col versare nel mio cuore tali e tante grazie, che quando mi trovo alla presenza sua ed a quella di Gesù sono costretto ad esclamare: 'Dove sono, dove mi trovo? Chi è che mi sta vicino?'. Mi sento tutto bruciare senza fuoco; mi sento stretto e legato al Figlio per mezzo di questa Madre*».

L'amore alla Madre di Dio lo inebriò e lo fece diventare apostolo: «*Vorrei avere una voce così forte per invitare i peccatori di tutto il mondo ad amare la Madonna*»; «*amate la Madonna*», «*la Madonna guidi il vostro cuore*», «*la Madonna regni sovrana nei vostri cuori*», «*la Madonna sia la stella che guidi il vostro cammino*», «*recitate sempre il rosario*»... erano i messaggi ai figli vicini e lontani.

Sfogava il suo tenerissimo amore alla Madonna con la recita senza numero di Rosari: per le scale, per i corridoi, in mezzo alla folla, sempre e dovunque con la corona in mano, nascosta nella pettorina dell'abito; ed è passato al premio eterno stringendo tra le mani la corona del «*Rosario benedetto di Maria, catena dolce che ci annoda a Dio*», e mormorando forse l'ultima Ave Maria sulla terra, prima di cominciar a dar lode a Dio e alla sua Madre celeste nella vita eterna.

Due giorni prima di morire a chi gli chiedeva: «*Padre, cosa ci dite?*», egli rispondeva: «*Amate la Madonna e fatela amare. Recitate il rosario e recitatelo sempre. E recitatelo quanto più potete*». E a chi gli ripeteva l'eco di un certo andazzo del Rosario che «*ha fatto il suo tempo*», egli diceva: «*Facciamo quello che abbiamo fatto sempre, quello che hanno fatto i nostri padri e ci troveremo bene*». «*Ma satana impera nel mondo*». «*Perché lo fanno imperare: può uno spirito imperare da sé se non si unisce alla volontà umana? Amate la Madonna e fatela amare, recitate sempre il suo rosario e bene. Satana mira sempre a distruggere questa preghiera, ma non ci riuscirà mai: è la preghiera di Colei che trionfa di tutto e su tutti. E' lei che ce l'ha insegnata, come Gesù ci ha insegnato il Pater noster*».

Un altro atto di devozione filiale di padre Pio alla Madonna era la recita dell'*Angelus Domini*, a cui partecipavano tanto volentieri gli amici occasionali o abituali, edificati dal suo tono caldo, raccolto e amoroso: la voce scopriva il cuore di un figlio incatenato dall'amore della più tenera tra le madri.

Paolo VI nella esortazione apostolica sul culto della beata Vergine parla anche di questo pio esercizio, con parola breve ma viva, per mantenere «*consueta la recita*», perché anche a distanza di secoli conserva inalterato il suo valore e la sua freschezza, senza bisogno di «*restauro*», e «*nonostante le mutate condizioni dei tempi, invariati permangono per la maggior parte degli uomini quei momenti caratteristici della giornata – mattina, mezzogiorno, sera –, i quali seguono i tempi della loro attività e costituiscono invito ad una pausa di preghiera*».

Madre del cristiani

Maria, «*madre della Chiesa*»; la Chiesa, «*madre dei cristiani*».

La Chiesa, testimone perenne della presenza di Dio nel mondo, ha lo stesso fine che ebbe Gesù Cristo venendo al mondo; è la santità di Cristo in mezzo al mondo ed i cristiani devono vivere in santità individuale con mire ecclesiali, perché essa possa presentare al mondo il suo vero volto, così come lo configurò Cristo, suo fondatore.

La Chiesa è «*madre dei cristiani*» e la maternità esige corrispondenza e fedeltà dai suoi figli, rispetto, obbedienza ed amore: senza tale amore la vita del cristiano non può essere ecclesiale; amore che deve stimolare ad una corrispondenza generosa, aiutandola nelle urgenti necessità di ordine spirituale con la preghiera ed il sacrificio, con l'obbedienza e il consenso agli insegnamenti ed esortazioni del suo Magistero; il «*sentire con la Chiesa*» è norma inconfondibile per il vero cattolico.

Tutte verità - queste - attualizzate e vitalizzate da padre Pio. Figlio obbediente della «*santa madre Chiesa*» (espressione sua), la Chiesa è «*sempre madre*» - soleva dire - *anche quando percuote*».

Tutta la sua attività ministeriale non si è trovata mai «*fuori dei tempi nuovi*»: egli non è stato colto in contropiede dal proposto ed auspicato rinnovamento del Concilio Vaticano II e non si è dovuto affannare a cambiar marcia e dirottarsi per le vie dell'aggiornamento: già le percorreva. Le vie battute dai santi sono le più sicure, le più certe e sempre attuali, perché sono le vie del Vangelo.

Padre Pio ha sempre amato la Chiesa ed ascoltata la sua voce: «*Voglio vivere e morire nella Chiesa*».

In questo povero frate del Gargano che tutto il mondo conobbe ed ammirò, forse nulla «*vi è di più grande che il suo silenzioso, persistente, quasi caparbio, sebbene tanto umile amore alla Chiesa, la sua fedeltà alla Chiesa, la sua disponibilità completa che, nella prima ventata, gli consentiva di prepararsi serenamente a partire per la Spagna e, nella seconda, gli consentì di cedere con tutta semplicità la sua più sognata e amata realizzazione terrena. L'ultima sua parola, quando ormai nessun velo gli nascondeva prossimo il transito dal tormentato crocifisso esilio alla Patria, fu perciò una lettera di leale filiale affettuosa devozione alla Sede Apostolica. Poi, in silenzio, come era vissuto, se ne andò»* (card. Lercaro).

Padre Pio ci insegna ad amare la Chiesa ed il Papa, verso cui egli era «*tenerezza*», «*rispetto*», «*devozione*»: si chiamasse Pio X o Benedetto XV o Pio XI o Pio XII, quello che sia; «*il mio primo ricordo nella preghiera* – diceva – *è per il Papa*».

La tenerezza per il Papa, vicario di Cristo! «*Mai una critica. Sempre il rispetto, la preghiera. Ricordo quando padre Pio, a bassa voce, in modo che nessuno sentisse, mi ha detto: Enrico, di' al Papa* (Pio XII) *che io do con immensa gioia la vita per lui. E poi Pio XII che mi ha detto: 'No, professore. Ringrazi padre Pio. Sono tanto stanco'. E dopo sette giorni era lassù*» (Medi E.).

E due giorni prima che morisse padre Pio, lo stesso professor E. Medi chiedeva a Paolo VI: «*Santità, io vado su al Gargano. Son cinquant'anni delle stimmate di padre Pio. Posso portare la sua benedizione?». E il Papa mi ha detto: «Con tutto il cuore. Con tutta la gioia. Con tutto l'affetto».*

* * *

Prega di continuo; medita per ore intere davanti a Gesù sacramentato: è il suo «*vero riposo dopo le fatiche del ministero*»; a chi gli domandava: «*Padre, quando non ci sarete più, come faremo senza di voi?*», rispondeva: «*Andate innanzi al tabernacolo: in Gesù troverete anche me*»; sente la nostalgia del Cielo, ma è inchiodato alla terra per aiutare i fratelli d'esilio; soffre, il dolore lo sente acuto, ma lo cerca per il «*buon Gesù*»: salvare anime; retto sempre da una dolce rassegnazione: «*devo fare soltanto la volontà di Dio e se piacerò a lui il resto non conta*»... e potremmo continuare a raccogliere semi per l'eternità in questo campo – ch'è la vita di padre Pio – in cui il buon Seminatore ha trovato terreno fertilissimo al cento per cento.

Per il nostro profitto spirituale ascoltiamo la sua voce in modo particolare sui tre amori, che sono «*gli amori dei santi*» e dei buoni cristiani: amore alla Chiesa, amore all'Eucaristia, amore alla Madonna.

Vissuto nella Chiesa, cresciuta in lui durante gli anni di sua vita terrena: «*la Chiesa* – ci ricorda – *è sempre madre, anche quando ci percuote*».

L'esortazione, eco fedele della Chiesa, ad amare la Madonna in modo particolare con la recita del santo Rosario, da lei sempre e tanto raccomandato: «*Amate la Madonna e fatela amare, recitate sempre il suo rosario e recitatelo bene*».

La cruda frase: «*tu devi capire cosa significhi ogni giorno ammazzare mio Padre, ammazzare Gesù*», e le sue ore ed ore di preparazione alla santa Messa: «*Padre, non le sembra molto tempo?*». «*Figli miei, non è mai troppo prepararsi alla santa Comunione!...*», ricorda ai fedeli l'impegno ad una partecipazione più responsabile, attiva e devota al Sacrificio eucaristico e la retta disposizione dell'anima alla santa Comunione, lavata dal sangue di Cristo nel sacramento della riconciliazione; ed ai sacerdoti il loro «*splendido ministero come confessori* [...]. *Le altre opere per mancanza di tempo, potrebbero essere posposte o anche abbandonate, ma non il confessionale*» (Paolo VI), ed ai Cappuccini nel loro capitolo generale del 12 luglio 1976 lo stesso Sommo Pontefice Paolo VI: «*So che è discusso, contestato, che non è alla moda. Voi mantenetelo; siate dei buoni confessori, specializzati in questa terapia che vi dà la scienza delle anime, una scienza di Dio, che nessun'altra psicologia o psicoterapia può dare agli uomini, a quegli che soffrono in questo mondo. Siate buoni confes-*

sori! Siate attaccati al confessionale. L'Ordine dei Cappuccini, del resto, vanta maestri insigni in questa arte finissima».

E ricorda ancora l'efficacia della Confessione frequente a tutti i fedeli in cerca di santità – sacerdoti, religiosi, laici.

E riferendosi negli anni precedenti (20 febbraio 1971) specificamente al fruttuoso apostolato di padre Pio, che gli faceva radunare intorno una «*clientela mondiale*», lo spiegava «*perché diceva la Messa umilmente*» e «*confessava dal mattino alla sera*».

Capitolo VIII

IL VISO DI DIO

Chi si impegna a scoprire elementi comuni nelle persone di eccezione, arriva alla consolante conclusione che «*l'eroismo cristiano dimora in cuore di carne*»; ma il più delle volte si fatica molto per scoprire questi «*cuori di carne*».

In tale mala sorte incappano anche tanti uomini, che più si avvicinano a Dio e più son creduti «*legati a niente*», quasi che la grazia trasformi la natura al punto «*da dimenticarla*». Invece il Santo è «*l'uomo reale, quale bisogna ch'egli sia*»; un uomo che, attraverso la sua concreta umanità, conformata e modellata su quella di Dio-Uomo, fa trasparire nel mondo il «Viso di Dio».

Padre Pio, meraviglia di Dio

Padre Pio non cerca né si compiace di muoversi nella sfera della vita mistica, ma – come tutti gli autentici mistici – vi è attratto dal soffio dello Spirito; e da parte sua vi aderisce con generosa e costante fedeltà.

Accenniamo brevemente a quei fenomeni straordinari da lui vissuti nell'ordine conoscitivo, affettivo e sensitivo.

Ebbe estasi ed apparizioni sin dal quinto anno di età e pensava che fossero «*cose ordinarie a tutte le anime*».

La sua vocazione viene accettata, spiegata e programmata da celesti visioni, che continuano anche «*non molto dopo il noviziato*».

Nelle sue lettere ai direttori spirituali si trovano frasi, quali: «*mi è apparso nostro Signore, il quale così mi ha parlato...*»; «*io sono il trastullo di Gesù Bambino*»; «*è venuto Gesù e mi ha detto...*».

Padre Pio che non è affatto un credulo, non accetta a cuor leggero rivelazioni e locuzioni; anche se intimamente persuaso della veracità di tali fenomeni, dà ad essi pieno assenso soltanto dopo l'approvazione dei direttori spirituali, anch'essi non facili a credere e ad accettare se non con ponderatezza.

I santi, i beati e le anime del purgatorio non solo possono ma appaiono realmente molte volte.

Un padre cappuccino si presentava a padre Pio «*proprio nell'ora che si dipartiva da questa valle di lagrime*». Appena vistolo, gli dice: «*Come* – esclama – *mi hanno detto che eri gravemente malato e tu ti trovi qui?...*», «*Eh! ora son passate tutte le malattie*» e disparve.

Nella sua vita non mancano scrutazioni di cuori.

Alla sollecita e ripetuta chiamata per confessare un uomo, padre Pio che pregava in coro, alza la testa e severamente dice: «*Insomma questo tale ha fatto aspettare venticinque anni nostro Signore per decidersi a confessare ed egli non può aspettare cinque minuti me?*». Il fatto era vero.

Ad un altro spiega come si sia «*giocata all'ultimo momento*» la grazia «*per un eccesso commesso in un momento di estrema prova*»; e l'interessato al racconto circostanziato di padre Pio, «*per lealtà di gentiluomo e per dovere di coscienza*», conferma pienamente che non è altro che «*la pura e santa verità*».

Non manca il dono delle lingue: conoscenza infusa di idiomi stranieri, senza nessun previo studio od esercizio.

Egli non aveva studiato né francese né greco e capiva l'una e l'altra lingua, scrivendo anche in «*lingua gallica*». *I celesti personaggi* – scrive il 20 settembre 1912 – *non cessano di visitarmi e farmi pregustare l'ebbrezza dei beati. E se la missione del nostro angelo custode è grande, quella del mio è di certo più grande, dovendomi fare anche da maestro nella spiega di altre lingue*».

Altro fenomeno mistico straordinario è la bilocazione e il profumo.

Un soldato, terminata la guerra del 1915-1918, si reca per curiosità a S. Giovanni Rotondo perché durante un'operazione bellica viene salvato da un cappuccino mai visto e gli fanno il nome di padre Pio.

Dopo la Messa, in sagrestia: «*Oh Dio!* – esclama – *Sì, è lui, non mi sbaglio...*», si avvicina, cade in ginocchio e piangendo a mani giunte: «*Padre, grazie d'avermi salvato dalla morte; grazie...*». E padre Pio, poggiandogli la mano sul capo: «*Non me, figlio mio, devi ringraziare, ma nostro Signore e la Vergine delle Grazie*».

Il profumo – simbolo del «*buon odore*» delle virtù praticate da un servo di Dio, «*odore di santità*» – è un aroma singolare che nulla ha di comune con i profumi della terra.

Durante la recita dell'ufficio divino in coro, a volte «*si avvertiva un profumo tutto particolare, che emanava dalle piaghe delle sue mani sanguinanti*».

Un dottore ricorda bene «*quel profumo*», quasi «*gustato*»: notò che dal corpo di padre Pio «*proveniva un certo odore*», non parendogli «*gran buona cosa che un frate, e tenuto poi in quel concetto, usasse profumi*», ma poi constatò che non era profumo artefatto e che non era suggestione la sua, e conclude: «*ho voluto fare questa leale dichiarazione, perché è troppo abituale consuetudine attribuire a sug-*

gestione quei fenomeni che non si spiegano o non si sanno spiegare».

Di questi fenomeni e doni speciali si è parlato tanto nei riguardi di padre Pio; e su questo a suo tempo si pronunzierà la Chiesa, come pure sulle grazie e miracoli a lui attribuiti, sia nell'ordine fisico che morale.

Una cosa è certa: che la sua figura era ed è nota a tutto il mondo, da tutte le parti accorrevano ed accorrono a lui, fedeli e scettici, richiamati dalla sua fama di santità.

Il mistero che raduna e sintetizza la vita e la missione, la caratteristica di questo grande personaggio, è che in lui si è rinnovato – in quanto era possibile a chi non era Figlio di Dio – la Passione di Gesù Cristo.

È il pensiero del card. Giuseppe Siri su padre Pio, da lui definito «*un portatore di cose meravigliose*».

«*Uomo per mezzo secolo confitto alla croce*», padre Pio ha «*sempre accettato con perfezione vera la missione di essere inchiodato in croce*». E perché questa missione fosse capita, Dio gli ha fornito «*motivi di credibilità*», e glieli ha forniti «*larghissimamente*»; la Grazia divina sopra padre Pio fu veramente «*una pioggia torrenziale*».

Padre Pio, uomo di questo mondo

Nessun santo è un sognatore ozioso; al contrario, gli autentici amanti di Dio sono intensamente personali, perfettamente naturali, umani e appassionati.

In essi la loro esemplare umanità è sublimata, ma non cancellata dalla grazia; la santità fiorisce, se Dio aiuta, dappertutto ed ogni ambiente le può giovare, ogni condizione di vita le può essere propria, quando «*l'incontro delle due volontà divina e umana*» vi provocano la vittoriosa «*scintilla della carità*».

È un conforto sapere che non tutti i santi sono nati santi e che anch'essi sono creature che lottano per risolvere lo stesso problema umano del peccato e della tentazione che ogni giorno aggredisce noialtri.

Padre Pio – a noi sembra – è un modello perfetto: «*gronda*» spiritualità e umanità.

Testimonianze, impressioni e fatti sono tanti e tanti: l'imbarazzo è soltanto nella scelta.

Chi si era formata l'idea del «*fraticello*», si trova davanti ad un padre Pio, «*robusto, forte nella persona e nei modi*»; vede venirsi incontro «*un antico guerriero dalla tonaca scura aperta sul collo*» e rimane attonito a guardare quell'uomo «*inaspettato, così impreveduto, pieno di energia e di vigore*»: per scacciare il male dal cuore degli uomini, due sono le armi adeguate, la dolcezza prima e poi, insostituibile, la forza; né l'una disgiunta dall'altra può far nulla.

Il volto del frate «*era affascinante: la fronte possente e priva di rughe a malgrado dell' età avanzata, le sopracciglia scure e spesse, lievemente volte all'insù, sopra gli occhi lunghi percorsi da un lampeggiare continuo, occhi di diamante*».

Il naso largo, la barba bianca e nera tutto intorno alla guancia e al mento robusto, accentuavano l'impressione di trovarsi di fronte a un «*rustico condottiero*»: E la voce! «*squillante nell'accento meridionale, non aveva mai timore di farsi udire perché nulla trovava da travisare, né mai era fermata da un attimo di pentimento*».

Sempre parlando – era tempo di ricreazione serotina – e camminando in su e in giù per l'orto, padre Pio si tirava dietro altri confratelli e laici visitatori occasionali, «*come se quel corpo, non alto eppure dominante su tutti gli altri, avesse il potere di una calamita*».

Quest'uomo che porta nella sua carne le cinque piaghe di Gesù crocifisso, par quasi non accorgersene, o almeno li considera fatti privati dei quali la gente non si dovrebbe interessare. «*Quello che invece lo esalta e lo accende ogni giorno, è la dedizione agli altri, la passione per i problemi concreti degli uomini.*

Operare per il bene dei viventi, specie quelli che soffrono, è la sua unica missione».

Non è «*uggioso*», «*retrivo*», «*moralista*» e neppure un «*utopista*»: gli basta che gli uomini, anziché perseguire una impossibile perfezione sulla terra, si astengano dal compiere il male, «*soprattutto il male dettato da astratte ideologie o da sfrenata cupidigia di sopraffazione*».

Che padre Pio sia un santo, nessuno ha il diritto di sostenerlo, oggi; «*certo è un uomo, un vero uomo che abbiamo avuto la ventura di incontrare in tempi di inganni e di paure*».

Chi visse accanto a lui, sperimentando un po' di calore che sprigionava da quel vulcano sempre acceso ch'era il suo cuore, tenta alla meglio di dirne qualcosa – non trovando altra espressione che «*cuore d'oro*».

Il cuore di padre Pio! «*No, non riesco a tradurre l'armonia gentile che lo spirito di Dio vi alitava dentro. Per me è stato un eterno bambino, esultante alle sorprese che gli si procuravano, dalla presa di tabacco all'offerta di un cioccolatino. Gustava il delicato piacere dell'amicizia, purificata e garantita dalla povertà. Sensibilissimo alla minima cortesia che riceveva e ricambiava con preghiere e grazie di vita eterna. Penetrantissimo, di una sensibilità di mimosa, intuiva a distanza il desiderio degli uomini e rispondeva a chi lo amava con immediata prontezza*».

L'uomo che viveva con Dio, provava anche lui la gioia di conversare con gli uomini; il suo senso di umanità e di bontà che gli riluceva negli occhi è difficile precisarlo con parole.

La misericordia lo trascinava, a volte, in una complicità che potrebbe sembrare strana in un uomo di Dio; lui, così nemico del peccato, sapeva discernere caso da caso, e perciò a chi una frustata, a chi un sorridente abbraccio; solo chi lo conosceva troppo bene poteva accorgersi che egli dissimulava per non far soffrire i suoi fratelli.

Sentimenti di intensa compassione sorgevano nell'anima sua, allorché gli si presentavano gli ammalati, specialmente se piccoli.

«A volte restava come paralizzato, e non riusciva a far altro che piangere su di essi. Disse infatti una volta: "Oh, se potessi distruggere il dolore dalla faccia della terra!". Ma subito si corresse: "E chi sono io che voglio fare quello che Dio non fa?"».

La sua umanità ce lo rende ancora più vicino a noi per i suoi «*rimasugli di natura*».

Lieto ed arguto, la sua dolcezza non era languida; i suoi motteggi e parole taglienti potevano anche destare ammirazione e le sue «sfuriate» scandalizzare. Nessuno sarà così santo da non andar soggetto a imperfezioni.

Non accettiamo per buone tutte le ingegnose trovate di quelli che a tutti i costi vanno alla ricerca di chi sa quale recondito motivo spirituale e soprannaturale in ogni gesto di poca grazia compiuto, o apparso come tale, da padre Pio, volendo sostenere la mancanza del pur minimo «*rimasuglio di natura*» nella sua vita, dalla nascita alla morte.

Giornalisti, biografi e visitatori sovente hanno parlato di «*certa scontrosità ora faceta, ora sbrigativa e agghiacciante usata dal padre cappuccino con persone venutegli improvvisamente dinanzi ed anche con penitenti andati a inginocchiarsi ai suoi piedi*».

La scontrosità di padre Pio è collera esercitata per zelo o è, almeno qualche volta, impazienza apparentata – secondo il modo umano di concepire – a rimasugli di natura?

È l'una e l'altra cosa.

Padre Pio non porta in petto un animo legnoso: si dispiace, se ingiustamente ripreso; si lamenta del silenzio alle sue ripetute domande; difende con una certa vivacità il diritto alla vita...

Il suo direttore spirituale lo esorta a calmarsi di fronte a certi avvenimenti ed a confidare al buon Gesù la propria debolezza: «*bisogna che tu non ti meravigli né ti avvilisca per qualche infermità del tuo cuore*», anche se è convinto che i santi non hanno i sensi «*avventurieri*» e tengono sempre in freno le tendenze «*discole*».

Discepolo e maestro sanno il «bonum patientiae», eppure il discepolo candidamente confessa che «*in certe ansie eccessive*», «*senza che lo voglia*», va soggetto ad atti d'impazienza e si rammarica che «*qualche volta*», «*anche senza volerlo e senza avvertirlo*», gli accade di «*alzare un po' la voce in ciò che riguarda la correzione*».

Prega, geme, si lamenta con nostro Signore ma ancora non è esaudito «*a pieno*»; nonostante tutto il suo impegno, qualche volta «*mi tocca di fare quello che purtroppo aborrisco e voglio evitare*».

Il direttore consiglia e suggerisce un pratico rimedio: «*Non ti agitare per gli scatti, quantunque non ti devi mai quietare. Se il Signore non ti dà la grazia della perenne e continua dolcezza, è per lasciarti una base di esercizio alla santa umiltà. Imponiti per penitenza, ogni volta che ti scappa il freno, dimostrarti subito due volte piu soave. Con l'inconscienza non vi è colpa e specialmente negli atti repentini, io penso che si tratta di un residuo dell'abitudine già contratta*».

Padre Pio, accetta, si impegna e comunica i risultati al suo «*sempre carissimo padre*»: «*Madama dolcezza pare che vada un po' meglio, ma non sono neppure io soddisfatto. Ma non voglio perdermi d'animo. Son tante, padre mio, le promesse che ho fatto a Gesù ed a Ma-*

ria»; ne fa oggetto delle sue assidue meditazioni «*ed ancor assiduo soggetto delle mie insinuazioni alle anime*».

Le sue «*sfuriate*» sono zelo per le anime. Divorato dall'amore di Dio e del prossimo, con Dio sempre fisso nella mente, «*come è possibile vedere Dio che si contrista pel male e non contristarsi parimenti? Vedere Dio che è sul punto di scaricare i suoi fulmini, e per pararli altro rimedio non vi è se non alzando una mano a trattenere il suo braccio, e l'altra rivolgerla concitata al proprio fratello, per un duplice motivo: che gittino via il male e che si scostino, e presto, da quel luogo dove sono, perché la mano del giudice è per scaricarsi su di esso. Credete pure, però, che in questo momento il mio interno non resta scosso o menomamente alterato. Non tento altro se non di avere e di volere quello che vuole Dio. Ed in lui mi sento sempre riposato, almeno coll'interno sempre; coll'esterno qualche volta un po' scomodo*».

Il padre Benedetto comprende, vuol sapere e gli fa un augurio: «*Fammi sapere come va il fatto tuo, se noti il pieno dominio o non ancora. Quanto m'importa saperti dolce, abitualmente dolce come i santi!*».

I peccati del mondo! che prima di rattristare lui rattristano il cuore di Dio e danneggiano le anime; e perciò vi erano, talvolta, sul volto, nello sguardo e nel linguaggio, venature di amarezza, che non provenivano da insofferenza o da interiore ribellione a situazioni sconvolgenti, bensì dalla vista di cose che non avrebbe voluto vedere.

Semplice strumento nelle mani di Dio, scuoteva per amore: presso di lui vi erano soltanto anime da salvare e non dava «*il dolce a chi aveva bisogno del purgante*» (espressione di padre Pio).

Se questa «*savia durezza*», «*sdegnosità di superficie*», «*violenta carità*» a più di qualcuno dava fastidio, molti ne intuivano il motivo giusto: «*mandava via*» gli uomini «*lontani*» per avvicinarli di più.

Un giorno che bistrattò un'anima, al lamento di una persona che era presente: «*Ma, padre, l'avete ammazzata quell'anima!*», spiegò: «*No, l'avrei stretta al cuore!*». Si faceva forza ad essere burbero, rude; gli costava doversi mostrare in quell'atteggiamento, quando invece il suo temperamento era tutto teso a «*stringere al cuore*» quanti gli si avvicinavano, ed è un fatto incontestato che i maltrattati non si davano pace e con più voglia ed audacia tornavano a lui.

Ricondurre le anime al «*dolcissimo Gesù*», specie con il sacramento della confessione: questo è un aspetto meraviglioso del suo apostolato sacerdotale. La confessione, sua gioia e suo tormento, per ben amministrare il «*sangue di Cristo*» nel lavacro delle anime.

Un altro motivo addotto da chi ha sfiorato il problema dei «*gesti di poca grazia*» nella vita di padre Pio è la difesa da una popolarità, che in un certo momento non ebbe più né misura né ritegno, che però sbiadisce di fronte alla sua innata umiltà: «*Non so come quest'abito di san Francesco che indosso non scappi da me! L'ultimo delinquente della terra è d'oro al par di me*», diceva al padre guardiano che un giorno gli manifestava affetto e stima; «*se tornassi a nascere* – diceva tremando di fronte alla dignità sacerdotale – *mi farei frate, però non sacerdote. Mi spaventa la mia indegnità e mi spaventa la responsabilità del sacerdozio*»; a chi lo ringraziava per qualche favore ottenuto dal Cielo: «*Figlio mio* – esclamava – *che cosa posso fare io? Tutto viene da Dio. Io sono ricco di una sola cosa: d'una infinita miseria*».

Un altro aspetto umano di padre Pio è la gioia, il «*gigantesco segreto del cristiano*» (Chesterton), non ostante la selva dei salici piangenti sia sempre folta e sia più facile vedere un angelo che scoprire tra i cristiani una faccia allegra.

Tale stortura ha infettato anche certi agiografi che a volte ci hanno afflitto con biografie di santi taciturni, corrucciati, mentre al contrario essi ricordano che Dio «*ci ha creati nell'amore perché viviamo nella gioia*» e son contenti sempre e di tutto, perché la nostra gioia è Qualcuno e non qualcosa.

Un aspetto particolare della gioia è il buonumore, come «*capacità di rilevare e rappresentare il ridicolo delle cose, in quanto non implichi una posizione ostile o puramente divertita, ma l'intervento di una intelligenza arguta e penosa e spesso indulgente simpatia umana*».

Questo ed altro intendiamo, parlando dell'umorismo e del buonumore di padre Pio: la letizia, l'allegria, la giocondità, la battuta scherzosa ed arguta, piacevole, allusiva e pungente, ma non fino a convertirsi in ironia.

È un datore ilare, serve Dio e lo serve con gioia, con riso innocente e schietto che gli viene dal cuore puro, possiede quella gioia «*sacra*» che ha in Dio il suo punto di riferimento.

«*Formidabile*» conversatore, «*vivace*» e «*brillante*» che possiede ed usa tutte le malizie psicologiche per incatenare il suo uditorio, ma soprattutto è la sua «*grande carica d'umorismo che non sfugge a nessuno*».

Si «*divertiva*» e faceva divertire, nel senso proprio etimologico della parola, deviando la tensione dell'animo e del corpo dalle abituali attività, per godere una pausa di quiete e di riposo nei brevi gioiosi intercalari del ministero; si «*rilassava*» («relaxare»: rallentare, che è distensione), partecipando sempre e volentieri alle ricreazioni della fraternità, non dimenticando che l'amabile e fraterna conversazione è pure carità e la carità «*è sempre preziosa*».

Dal suo inesauribile repertorio traeva le storie «*più impensate ed originali*», raccontando con «*prestigiosa disinvoltura*», da far invidia al più brillante narratore. Conosceva e sapeva usare la piacevole virtù dell'«*eutrapelìa*»: né troppo e né troppo poco, faceto e urbano, impegnato uomo di Dio, che trasfigura anima e corpo nella pace e nella gioia.

* * *

Il Signore ad ogni creatura dà i suoi talenti, con l'impegno di farli trafficare.

Padre Pio c'insegna a non far cadere i doni divini in terra arida e spinosa.

Chiamato a ripetere in modo eminente «*qualcosa*» della Passione di nostro Signore Gesù Cristo, quando si sente spremuto dal torchio di pesanti prove, ricorre a Dio, offre a lui le sue sofferenze, ma va in cerca anche di un sostegno e di una persona umana e non nasconde le lacrime: sono i «*fiottarelli*» della natura – come li chiama san Leonardo da Porto Maurizio – rimasti anche nei santi, nostri amici e modelli, che con il loro comportamento insegnano a noi poverelli di Cristo come possiamo sfogarci filialmente con il Signore senza offenderlo.

Pur «*affogato*» nel pelago dell'amor divino, è convinto di essere il più grande peccatore perché radicato in quella santa umiltà, che scava il vuoto nell'anima per preparare il posto a Dio che verrà a riempire quel vuoto: «*Io riconosco benissimo* – scrive padre Pio – *di non aver in me niente che sia stato capace di attirare gli sguardi di questo nostro dolcissimo Gesù. La sola sua bontà ha colmato l'anima mia di tanti beni*».

Il suo esempio ci dice che il liberarci dai difetti è un presupposto necessario per raggiungere la santità, ma è vero anche che la santità non consiste nell'essere liberati da ogni difetto.

Ci consiglia a raccogliere l'impazienza come si fa col gomitolo, con calma e dolcemente, pazientare d'essere impaziente: «*Non voglio perdermi d'animo*» e «*voglio questa virtù*» mediante l'aiuto di Gesù e di Maria.

Sa amare genuinamente e semplicemente, come ama e si comporta un «*uomo naturale*»; tratta familiarmente con tutti e familiarmente risolve i problemi, anche quelli vasti e complicati.

Ci insegna ad avere della vita una visione bella e chiara, lui vero poeta della vita:

«Chi vuole amare Dio, può. Basta togliersi quello che è disordine. Entrando nell'ordine si ama Dio. Amare Dio e tutto il creato».

Verace figlio di Francesco d'Assisi, non accetta l'opposizione tra creazione e Creatore: non è la natura che è corrotta, ma è la volontà che la corrompe; non si onora affatto il Creatore, maledicendo la creatura, quasi che il Dio redentore ci impedisca di credere nel Dio creatore.

La natura è cattiva soltanto se si stacca da Dio, il pensiero del soprannaturale non fa diventare miserabili le cose di questo mondo, ma ridona ad esse la interiorità di cui sono state svuotate.

Ed in questo cantico al Creatore non stona la nota della gioia, anzi è in perfetta sintonia non soltanto la gioia, ma «*la pienezza della gioia*».

«*Canta e cammina*» – ci incita padre Pio, con sant'Agostino – *canta con la voce, canta col cuore, canta con i costumi*» e se il ricordo di te ti fascia di tristezza, il pensiero di Lui ti illumini di gioia.

Leale, aperto, cordiale, la sua pietà si fonde con un cuor leggero: dove vi è molta fede – è stato scritto – vi sarà anche moltissimo sorriso («*è sempre primavera nel cuore che ama Dio*» – disse il curato d'Ars – e parlava per esperienza personale).

Sorriso condito con un pizzico di quel «*sale della vita*», che si chiama umorismo.

Padre Pio confessa che non può «*patire il criticare e il dir male dei fratelli*», «*la mormorazione mi mette a nausea. Abbiamo tanti difetti da criticare in noi, perché perdersi contro i fratelli? E poi mancando alla carità, si intacca la radice dell'albero della vita, col pericolo di farlo seccare*» – ma, a volte, si diverte «*a punzecchiare*».

Per padre Pio non c'era proprio bisogno di rivolgere al Signore la preghiera di santa Teresa, la quale temeva più una religiosa malcontenta che una banda di demoni: «*Liberami, o Signore, dalle devozioni sciocche e dai santi con l'espressione acida*».

Capitolo IX

SOLLIEVO AI SOFFERENTI

Chi pensa di amare Dio e trascura il prossimo, non lo ama veramente; e chi crede di ricordarsi di Dio solo quando «*fa qualcosa per gli altri*», erra. La strada, l'unica rivelata da Gesù, così stupendamente semplice, è: amore di Dio e del prossimo.

Uno fa qualcosa per gli altri nella misura in cui prega ed ama Dio.

Padre Pio amava gli uomini, e li amava sinceramente come figli di Dio e fratelli suoi, perché pregava molto. Per il loro bene spirituale era diventato «*il cireneo di tutti*»; per lenire le ferite della carne inventò «*la cattedrale della carità*» e la chiamò «*Casa Sollievo della Sofferenza*».

Ospedale civile san Francesco

S. Giovanni Rotondo lamentava la mancanza di un ospedale e padre Pio il 25 gennaio 1925 ebbe la gioia di vedere inaugurato il piccolo «Ospedale civile san Francesco», sorto nel vecchio convento delle Clarisse.

«*Volle che in questo Comune* – ricordano le parole dell'epigrafe – *sorgesse un ospedale. Egli raccolse tra i fedeli ammiratori i fondi necessari all'erezione dell'opera*».

Ben assistita medicalmente, amministrativamente e religiosamente, l'umile opera soddisfaceva «*in modo egregio le esigenze più urgenti*».

Due corsie, una per gli uomini ed una per le donne, con sette letti ciascuna e due camere riservate: attrezzatura idonea ai bisogni; cure ai poveri gratuite.

Dopo tredici anni di attività assistenziale, il piccolo ospedale chiudeva i battenti, rovinato dal terremoto del 1938.

Restaurato e trasformato, il locale divenne asilo infantile.

La creatura della Provvidenza

Il terremoto fece crollare le mura che servivano alla carità per i fratelli, ma non seppellì sotto le sue macerie la carità stessa, che nel cuore di padre Pio cresceva a dismisura e che più tardi divampava in vasto incendio.

La sera del 9 gennaio 1940 nasceva, nella sua cella, «Casa Sollievo della Sofferenza» e l'idea divenne immediatamente operante.

Il 25 maggio dello stesso anno i suoi ami-

Casa Sollievo della Sofferenza

ci per la prima volta vengono a conoscenza di un «*sogno*» di alcuni suoi figli spirituali, da molto tempo vagheggiato: la costruzione nella regione del Gargano, a S. Giovanni Rotondo, di «*un grandioso ospedale*», «*espressione della carità di Cristo*» e che «*potesse accogliere gratuitamente*» tutti gli ammalati.

«*Più volte* – continuano questi figli spirituali – *abbiamo raccolto dalle labbra e dal cuore sacerdotale di chi ci è Padre questo ardente desiderio e, fiduciosi nella divina Provvidenza, abbiamo deciso di attuarlo*».

Terminato l'uragano bellico ed appianate inenarrabili difficoltà, il 16 maggio 1947 si poneva la prima pietra della «*cattedrale della carità*».

La Provvidenza apriva il cuore, padre Pio pregava, ascoltava i suoi collaboratori, consigliava, incoraggiava, visitava la sua creatura che cresceva a vista d'occhio, e bella, ed era contento.

Il 26 luglio 1954 segna la prima meta raggiunta: si aprono gli ambulatori ed inizia il sollievo della sofferenza.

Il 5 novembre successivo entra in funzione la banca del sangue.

Il 5 maggio 1956 la notizia che tutti attendono: inaugurazione di «Casa Sollievo della Sofferenza».

Lo stesso padre Pio presentava la «*creatura della Provvidenza*» alla straripante folla: «*È stato deposto nella terra un seme che il Signore Dio riscalderà coi suoi raggi d'amore* [...]. *Quest'opera che voi oggi vedete è all'inizio della sua vita* [...]. *Una tappa del cammino da compiere è stata fatta. Non arrestiamo il passo, rispondiamo solleciti alla chiamata di Dio per la causa del bene, ciascuno adempiendo il proprio dovere: io, in incessante preghiera di servo inutile del Signore nostro Gesù Cristo, voi col desiderio struggente di stringere al cuore tutta l'umanità sofferente per presentarla con me alla misericordia del Padre celeste*».

La voce di Pio XII benedice e loda l'ospedale di S. Giovanni Rotondo, «*frutto di una delle più alte intuizioni d'un ideale lungamente maturato e perfezionato a contatto con i più svariati e più crudeli aspetti della sofferenza morale e fisica della umanità* [...]. *L'Opera progredita pazientemente tenace, si presenta come un magnifico successo uno degli ospedali meglio attrezzati d'Italia*» (8 maggio 1956).

Mentre si costruiva la Casa, si cominciava anche, e soprattutto, a pensare alle qualità tecniche e morali del personale di assistenza, il cui principio ispiratore – secondo il pensiero e la parola di padre Pio – deve essere: «*in ogni bisognoso c'è Cristo*».

È la caratteristica su cui poggia la funzionalità ideologica della Casa: il motivo strettamente umano della lotta contro il male con l'apporto di tutti i mezzi moderni, viene elevato da quello soprannaturale, col realizzare in ogni momento della giornata l'esortazione evangelica: «*In verità vi dico: tutte le volte che avete fatto qualcosa ad uno di questi minimi, l'avete fatto a me*».

Il 10 maggio 1956 entra il primo ammalato e pochi giorni dopo già ospitava un nutrito gruppo di degenti; al 31 dicembre dello stesso anno si erano avvicendati duemila ammalati e sin dall'inizio del 1957 i trecento letti erano costantemente occupati ed era necessario aggiungere letti supplementari e già si chiedeva l'ampliamento dell'Opera.

"Facciamo più grande l'ospedale"

Nel giorno del primo anniversario (5 maggio 1957) padre Pio, tra l'altro, diceva: «*Dio ha riscaldato con i suoi raggi d'amore il seme deposto* [...]. *Da oggi riprendiamo la seconda tappa del cammino da compiere*»: adeguarsi «*tecnicamente alle più ardite esigenze cliniche*», aumentare il numero dei letti, completare la sistemazione, perché l'Opera «*diventi tempio di preghiera e di scienza, dove il genere umano si ritrovi in Gesù crocifisso, come un solo ovile sotto un solo pastore*».

Il numero dei letti veniva aumentato sino alla saturazione e padre Pio continuava ad insistere: «*Mettete altri letti, sacrificate gli uffici, la biblioteca; ma non dite no ai malati*».

Quando non ci restò un centimetro quadrato di spazio, disse che non si sentiva di rifiutare ospitalità agl'infermi, perché «*ai malati non si nega mai nulla*» e fidando nella Provvidenza: «*Facciamo* – dice risoluto – *più grande l'ospedale*».

Il 5 maggio 1958 egli stesso, con accensione a distanza, nello studio del cappellano della clinica, faceva brillare la mina: segno d'inizio dei nuovi lavori; il 16 luglio benediceva la prima pietra della nuova ala ed a lavori ultimati (1966) la capacità ricettiva di Casa Sollievo saliva a 600.

Sempre più grande e più bella

Con la raddoppiata disponibilità di letti, gli indici di ricovero salgono rapidamente e già nel 1967 raggiungono i valori limite. Particolarmente pressante si fa la necessità di una maggiore disponibilità di letti per il ricovero dei bambini e dei malati di medicina generale.

Padre Pio dispone tempestivamente per il secondo ampliamento e tra gli ultimi atti della sua vita terrena vi è l'approvazione di tale progetto, già pronto.

Il 6 luglio 1969 il card. Sergio Guerri pone la prima pietra del modernissimo padiglione e la costruzione, progettata dall'ingegner Poma Murialdo e tecnicamente diretta dal geometra Franco Gandolfi, viene inaugurata il 1 giugno 1973 dal card. Mario Nasalli Rocca di Corneliano.

La costruzione si articola in tre piani: il pianterreno è destinato ai servizi generali; il primo per l'ostetricia con sala medici e sala ostetriche, e ginecologia, direzione del primario, sale operatorie parto-travaglio, sala nido, psicoprofilassi ostetrica, colposcopia, colpocitologia, con una capacità recettiva di 98 letti.

Il secondo piano è occupato dalla pediatria: direzione del primario, sezione neo-natali, sezione seconda infanzia, sezione prematuri, sezione malattie infettive, con una capacità recettiva di 150 letti.

L'impostazione funzionale della pediatria risponde a concetti modernissimi: si articola in un asse generale di disimpegno, su cui si innestano i servizi generali e si accede ai settori di degenza, che posseggono anche servizi propri con autonomia completa.

Ampie e magnifiche vetrate consentono ottima visibilità e accoglienza di soggiorno; i nuovi padiglioni sono collegati al corpo centrale da una luminosa galleria.

* * *

Padre Pio considerava Casa Sollievo della Sofferenza «*miracolo della fede e della carità*», la «*pupilla dei suoi occhi*», la sua «*grande opera terrena*», perché costruiva la casa a Gesù.

A chi la giudicava troppo bella e lussuosa, egli rispondeva: «*Troppo lussuosa?... Ma se fosse possibile, la Casa la farei d'oro, perché il malato è Gesù e tutto è poco quello che si fa per lui*».

Bella la Casa, che deve essere riserva di amore per chi la deve abitare: «*Quest'Opera* – diceva padre Pio – *se fosse solo sollievo dei corpi, sarebbe solo costituzione di una clinica modello, fatta con mezzi della vostra carità, straordinariamente generosa. Ma essa è stimolata ed incalzata ad essere richiamo operante all'amore di Dio, mediante il richiamo della carità. Il sofferente deve vivere in essa l'amore di Dio per mezzo della saggia accettazione dei suoi dolori, del suo destino a Lui. In essa l'amore dovrà corroborarsi nello spirito del malato, mediante l'amore a Gesù crocifisso, che emanerà da coloro che assistono la infermità del suo corpo e del suo spirito. Qui, ricoverati, medici, sacerdoti saranno riserve di amore, che tanto sarà abbondante in uno, tanto più si comunicherà agli altri*».

Che padre Pio ci comunichi almeno una particella di quella «*grandissima*» compassione ch'egli sentiva per il prossimo: per lui vedere un povero, era subito sentire un «*veementissimo*» desiderio di soccorrerlo, spogliandosi, «*perfino dei panni per rivestirlo*».

«*Se so poi che una persona è afflitta, sia nell'anima che nel corpo, che non farei presso del Signore per vederla libera dai suoi mali? Volentieri mi addosserei, pur di vederla andar salva, tutte le sue afflizioni, cedendo in suo favore i frutti di tali sofferenze, se il Signore me lo permettesse*».

Capitolo X

PREGATE, PREGATE, PREGATE

Padre Pio «*è come Gesù, l'uomo del colloquio col Padre*». «*Prego di continuo*» – scrive al suo direttore spirituale; si lamenta che il tempo gli sfugge «*rapidamente*» e non ne ha «*mai abbastanza per pregare*».

Prega per la brama ardente di possedere, lodare e servire Dio «*con perfezione*»; e per intercedere per il bene dei fratelli.

Scelto da Gesù quale vittima «*per essere aiutato nel grande negozio dell'umana salvezza*», oppresso dal peso di tutti, prega incessantemente ed invita ad una continua preghiera: è una esigenza della sua profonda coscienza della Chiesa.

Dalla richiesta di questo aiuto orante nascono i gruppi di preghiera, attività apostolica tanto cara a padre Pio, divorato dall'amore di Dio e dei fratelli.

Mani e cuore a Dio

Padre Pio prega per molti che non solo non amano Dio, ma lo disprezzano, lo ignorano e «*si vogliono giustificare nel male a dispetto del sommo bene*».

Questo pensiero, che infiamma la sua anima di divina carità, è anche una «*febbre*» che lo va «*lentamente consumando*» e darebbe «*mille volte la vita se potesse far sì che un'anima sola desse lode di più al Signore*».

Per i «*poveri peccatori*» aggiunge la sua offerta di vittima al Signore.

Un figlio spirituale, ripensando alle origini dei gruppi di preghiera, ricorda con commozione ciò che una volta padre Pio disse: «*Se mi fosse possibile, vorrei ottenere dal Signore una cosa soltanto; vorrei, se mi dicesse: "va in Paradiso", vorrei ottenere questa grazia: "Signore, non lasciatemi andare in Paradiso finché l'ultimo dei miei figli, l'ultima delle persone affidate alla mia cura sacerdotale non sia entrata prima di me"*».

È l'ansia del padre suo Francesco d'Assisi: «*Tutti in Paradiso*». E questo è veramente meraviglioso. È difficile dire qualcosa di più e di meglio. Perché l'essenza del gruppo di preghiera è tutta nell'amore che unisce e perciò padre Pio si raccomanda alla generosità di tante anime, affinché preghino per salvare non solo se stesse ma anche gli altri.

Sotto questo aspetto i gruppi di preghiera, fioriti accanto alla carità verso i corpi, concepiti come vincolo valido per unire le anime buone e come rete per trarre anche le più lontane a salvamento, esistevano molto prima che intorno al 1950, se non di nome certamente di fatto.

Nell'«*ora buia*» del suo primo anno di pontificato Pio XII esorta - esortazione ripetuta insistentemente negli anni successivi - tutti i fedeli a ricorrere alla preghiera, per tutti suprema forza e più salda speranza.

All'inizio la parola d'ordine del Sommo Pontefice, riservata ai sacerdoti, è: «*Pregate, pregate sempre più e con maggior fervore*» (24 giugno 1939). Raccomandazione ripetuta il 15 agosto 1950: «*Noi diciamo ai sacerdoti: pregate, pregate di più; siate ai vostri fedeli modello dei devoti oranti!*».

E padre Pio era veramente per i fedeli sacerdote «*modello di devoto orante*».

Ma il santo Padre esortava insistentemente non soltanto i sacerdoti, ma tutti a pregare: «*le membra sofferenti e doloranti della Chiesa*», le «*candide legioni dei bimbi*», le «*famiglie di città e di campagna*», i «*datori di lavori cattolici e gl'imprenditori*», «*i giovani...*»; a tutti diceva: «*sollevate mani e cuore a Dio*»; «*nessuno può senza la preghiera osservare a lungo la legge di Dio ed evitare la colpa grave; la preghiera è l'arma più forte ed invincibile contro tutti i pericoli e gli assalti del mondo. Pregate, pregate, pregate; la preghiera è la chiave dei tesori di Dio; è l'arma del combattimento e della vittoria in ogni lotta per il bene e contro il male*».

Per risanare una umanità che andava dividendosi in due schiere opposte: con Cristo o contro Cristo, Pio XII esortava a formare «*una falange di oranti e di penitenti*»: uomini in cui la preghiera ed il pensiero di Dio «*siano divenuti una seconda natura e il cibo quotidiano dell'anima*», buon fermento per rinnovare il mondo nello spirito di Cristo; a preparare forti e serrate «*falangi di uomini e di giovani, che tenendosi strettamente uniti a Cristo, almeno ogni mese si nutrano del pane di vita e inducano anche altri a seguire il loro esempio*» (17 febbraio 1943); a risvegliare nei fedeli «*l'antica e pia costumanza della preghiera comune nella famiglia*».

«*Nella lotta tra il bene ed il male che tutto dì combatte la Chiesa, essa non può trovare un appoggio sicuro e continuo in coloro che si accostano solo una volta all'anno alla santa Comunione, e vi consigliamo di adunare e formare gruppi di uomini e di giovani che frequentino – almeno mensilmente – la Mensa Eucaristica e vi conducano quanti più possono amici e conoscenti*» (13 marzo 1943).

«*Ciò di cui la Chiesa ha bisogno urgente, sono fedeli e gruppi di fedeli, di ogni condizione, che, liberi dalla schiavitù del rispetto uma-*

no, conformino tutta la loro vita e lo loro attività ai comandamenti di Dio e alla legge di Cristo» (8 marzo 1952).

Gruppi di preghiera

Gli accorati e pressanti appelli di Pio XII che esortava pressantemente i sacerdoti a pregare, a risvegliare nei fedeli la preghiera comunitaria ed a preparare forti e serrate falangi di oranti, auspicano logicamente la formazione di gruppi di preghiera, così come padre Pio vide subito: «*Gruppi di fedeli* – disse – *vivranno integralmente ed apertamente la vita cristiana, come desiderio di Sua Santità, se essi saranno prima gruppi di fedeli che pregano insieme*».

E dal pensiero passò all'azione: «*Diamoci da fare. Rimbocchiamoci le maniche. Rispondiamo noi per primi a questo appello lanciato dal Romano Pontefice*».

E nacquero così i gruppi di preghiera.

Fra le tante denominazioni: «*falange*» di oranti e di penitenti, religiosa «*schiera*», «*gruppi*» di uomini e di giovani..., ebbe più fortuna la parola «*gruppo*».

La fisionomia di tale movimento viene delineata dallo stesso padre Pio in una allocuzione del 5 maggio 1966: «*vivai di fede, foco-*

lai d'amore nei quali Cristo stesso è presente ogni volta che si riuniscono per la preghiera e l'agape fraterna sotto la guida dei loro pastori e direttori spirituali».

Piccolo seme evangelico, cresciuto ben presto in albero frondoso e carico di frutti: alla vigilia della morte di padre Pio (23 settembre 1968), l'eloquenza dei numeri conferma la realtà: gruppi organizzati ed operanti in una ventina di nazioni, 726; numero totale di aderenti: 68.000.

Dove il segreto della diffusione spontanea dei gruppi di preghiera?

Nell'autorità e bontà di «*un invito*» dei Sommi Pontefici alla preghiera in comune e alla vita cristiana integrale; nella opportunità e nella forza di «*un metodo*» e di un incitamento, indicato da padre Pio; riunioni «*periodiche*» per pregare insieme sotto la direzione di un sacerdote, per ottenere quanto desiderato dai Sommi Pontefici: riforma cristiana personale e riforma cristiana della società.

Inizialmente alle turbe che si affollavano intorno a lui, padre Pio rilanciò il messaggio del Papa: esortazioni brevi, principi semplici di vita soprannaturale, con cui si preparava il terreno per spargere il buon seme; e quando i suoi figli spirituali incominciavano a raccogliersi nelle chiese, spuntavano i gruppi oranti auspicati dal Sommo Pontefice, la preghiera usciva per molti dalla solitudine e diventava preghiera comunitaria.

Non facevano nulla di eccezionale, niente di diverso dagli altri cristiani, si sentivano soltanto più uniti, ascoltavano una Messa, pregando spesso ad alta voce secondo le comuni intenzioni per il rinnovamento dei singoli e della società.

Non regole, non schemi, non orazioni nuove; riunione almeno una volta al mese in una chiesa con il consenso del Vescovo e l'assistenza di un sacerdote.

Chi gli è vissuto vicino per parecchi anni, ci fa sapere che padre Pio era negato a qualsiasi tendenza isolazionistica, che non fosse raccoglimento, lavoro e preghiera e perciò non volle stendere statuti e regolette; e se, per incentivare qualche opera buona ideata da qualche volenteroso, si lasciò carpire qualche firma, lo fece per ribadire le proprie opinioni in materia: secondo lui gli uomini sono chiamati tutti ad essere «*buoni cristiani*», senza l'orgoglio degl'intruppamenti, dei privilegi e degli esclusionismi: buoni cristiani, contenti di uno schieramento estremamente semplice: quello della bontà contro lo schieramento della cattiveria propria e altrui.

Titolo particolarmente bello

Gesù dicendo ai suoi discepoli: «*Se due di voi si mettono sulla terra a domandare qualsiasi cosa, essa sarà loro concessa dal Padre che è nei cieli, perché dovunque due o più persone sono riunite nel mio nome, io sono in mezzo a loro*» (Mt 18,20), non fa che accreditare presso di essi la bontà di un gruppo di preghiera.

«*Il titolo che vi accomuna intorno all'altare del Signore è quello dei vostri gruppi di preghiera* – diceva il card. Lercaro il 12 settembre 1959 al convegno nazionale dei gruppi di preghiera –. *E parmi un titolo particolarmente bello che ha la sua legittimazione ed un incoraggiamento fortissimo e consolantissimo in una parola di Nostro Signore. Ha detto Gesù nel santo Vangelo: "Dove saranno due o tre riuniti nel mio nome, io sono in mezzo a loro e qualunque cosa domanderanno al Padre sarà loro data"* (Mt 18, 20). *Queste parole larghe di Nostro Signore nel santo Vangelo costituiscono la ragione di essere dei vostri Gruppi di Preghiera e dànno ad essi, sparsi in tutta Italia, una forza ed un conforto grandissimo*».

Nell'agosto del 1950 parte da S. Giovanni Rotondo l'appello ufficiale per la loro costituzione a più vasto raggio, seguito da alcune note chiarificatrici e da generiche direttive.

I gruppi di preghiera, sorti «*per meglio*

rinnovare intorno a noi la vita cristiana (carità verso Dio e carità verso il prossimo)», mediante la preghiera comunitaria, s'impegnano a lavorare, «*affinché la vera luce di Cristo si diffonda anche tra coloro che non la conoscono o la vogliono ignorare*».

Convengono tra di loro fraternamente «*di riunirsi per pregare insieme, almeno una volta al mese, sotto la direzione spirituale di un sacerdote, senz'altro particolare impegno che quello di pregare e invitare altri amici e conoscenti alla preghiera*».

Vogliono creare l'ambiente adatto «*invitante i cuori e le volontà a rivolgersi liberamente a Dio*», con l'esempio di amici che pregano, con la funzione ben curata e la eventuale parola del sacerdote.

Per la direzione dei gruppi è «*indispensabile*» la direzione di un sacerdote, «*perché il desiderio spontaneo di riunirsi a pregare sia esplicato, di fatto, rigorosamente e fedelmente secondo i principi e le norme della santa Chiesa cattolica, alla quale si deve somma riverenza e stretta obbedienza*».

Con ciò si intendono evitare «*tutte le possibili deviazioni di iniziative personali che, seppure dettate da zelo e buona fede, potrebbero – in qualche modo – falsare la natura e gli scopi dei gruppi di preghiera*».

«*Come dovere di disciplina di ogni buon*

cattolico, non si costituiranno gruppi di preghiera senza il permesso del Vescovo o dell'Ordinario di quel territorio».

Nel senso comunemente inteso, i gruppi di preghiera non sono una pia associazione: non hanno presidenti né richiedono iscrizioni ai fedeli che partecipano alla loro attività; non vi sono programmi speciali, ma essi presentano soltanto un metodo adatto alle circostanze spirituali dei fedeli nel mondo per richiamare e condurre anime in chiesa: il gruppo «*è in potenza la società che prega e si anima a pregare*»; due del gruppo si incaricano di far conoscere agli altri le funzioni e far pervenire loro, a nome e per conto del direttore spirituale, l'incitamento proveniente da San Giovanni Rotondo.

Si denominano «*gruppi di padre Pio*», perché lui ne è l'«*ideatore*» ed «*il primo ed instancabile sostenitore ed apostolo, additandoli come i mezzi di santificazione e di apostolato sostanzioso, capace di trasformare in cristiana la società presente*».

I gruppi di preghiera pregano secondo le intenzioni di padre Pio, «*perché tale è il desiderio e la spontanea volontà dei singoli partecipanti che vedono in padre Pio un sacerdote ed un religioso esemplare fedelissimo alla santa madre Chiesa e tutto volto a spendersi per le intenzioni del Sommo Pontefice*».

Inoltre uniscono spontaneamente le loro preghiere «*alla preghiera e offerte che il Padre – come sacerdote – presenta ogni giorno a Dio nella santa Messa, affinché insieme con tutte le altre preghiere ed offerte che tutti i sacerdoti del mondo raccolgono e presentano a Dio dai loro altari, si possa fare dolce violenza al cuore del Signore per un più grande avvento di bene ai singoli, alla società, alla Chiesa*».

Un pacifico esercito, quello dei gruppi di preghiera, posto al servizio della Chiesa, che vuol costituire «*una catena, un rosario intorno al mondo, un rosario di preghiere*».

Preghiera e vita cristiana

Noi riserviamo alla Chiesa – la Chiesa siamo anche noi (è un fedele che parla), siamo noi e i sacerdoti, siamo noi e i Vescovi – noi riserviamo alla Chiesa soltanto una piccola parte della nostra giornata, e per il resto molte volte ci comportiamo come se la Chiesa non esistesse.

Noi dobbiamo portare la Chiesa in tutti gli istanti della nostra giornata, dobbiamo portarla nel nostro lavoro, dobbiamo portarla nei nostri sani sollievi, dobbiamo portarla nelle nostre case; noi dobbiamo portare Cristo con noi.

Come ottenerlo?

I nostri gruppi di preghiera ce ne offrono il mezzo. La preghiera in comune fatta periodicamente tra amici e conoscenti, offrendo l'incontro con Gesù, dona all'anima di buona volontà la possibilità di possederlo e, possedendolo, di presentarlo attraverso i diversi aspetti della vita personale ai fratelli ed alla società, instaurandolo Re delle anime e Re dell'universo.

«*Vivetelo il vostro gruppo di preghiera. Siate lievito! Vivete intorno al vostro Vescovo! Siate veramente apostoli nelle vostre parrocchie. Il gruppo non è un piccolo orto concluso, non è un giardinetto da custodire con gelosia: donate, siate generosi con tutti, nel vostro ambiente, nella vostra famiglia. Il valore che padre Pio ha voluto dare ai gruppi di preghiera è eminentemente un valore spirituale: dilatare l'empito d'amore che parte da padre Pio, che è un sacerdote di Cristo, diffonderlo in tutti gli ambienti che frequentate*» (Giovanni Gigliozzi, al convegno di Bologna, 25 aprile 1960).

Nello stesso convegno si faceva notare che il gruppo di preghiera, per la sua fisionomia semplice e slegato da tutto, è tale da poter diventare «*la parrocchia che prega*».

Può essere un valido aiuto nella vita parrocchiale, perché la sua forza di richiamo dei fedeli di qualsiasi levatura spirituale in chiesa «*sembra superiore a quella di qualsiasi altro mezzo*».

L'esperienza dimostra come il gruppo di preghiera conduce fedeli «*refrattari a qualsiasi altro richiamo*» facendoli divenire, a mano a mano, assidui e zelanti fino alla partecipazione spontanea alla confessione e comunione mensile.

Il gruppo di preghiera ben ordinato diviene spontaneamente «*il vivaio di tutte le associazioni parrocchiali, nonché la fonte di immissione nella vita dell'associazione di quegli elementi che altrimenti non vi sarebbero, mai, arrivati a far parte*».

Nel loro lavoro di apostolato le associazioni cattoliche trovano nei gruppi di preghiera «*un valido aiuto a sviluppare la buona semente*», deposta in seno ai fratelli, avvicinati con fini di apostolato, indirizzandoli alla funzione del gruppo, in una riunione che, «*slegata da ogni fisionomia particolare, è ben vista ed apprezzata*».

Ed il coro dei sacerdoti in cura d'anime è concorde, l'imbarazzo è soltanto nella scelta delle testimonianze: i gruppi di preghiera sono «*lievito di vita parrocchiale*», perché per mezzo loro «*si vede ogni giorno più il trionfo della grazia divina e il frutto della carità vicendevole*» con una «*costante perseveranza per quanto riguarda la loro partecipazione alle fun-*

zioni religiose», rispondendo «*con entusiasmo e puntualità ad ogni iniziativa quando si può fare qualche opera buona in più*», sostenuti da un «*proficuo spirito di preghiera*» e da una fraterna amicizia: «*si amano molto*».

Fra i tanti frutti prodotti dai gruppi di preghiera vi è anche quello della famiglia esemplare da cui sboccia la vocazione sacerdotale, come vuole il Concilio Vaticano II, che esorta tutto il popolo cristiano a sentirsi responsabile sulla necessità di favorire le vocazioni sacerdotali, in modo particolare le famiglie che, se animate da spirito di fede, di carità e di pietà, costituiscono come «*il primo seminario*»:«*si è parlato e pregato per le vocazioni. Anche da noi quattro giovani sono entrati in seminario*»; «*alcuni ragazzi edificati dall'esemplare comportamento cristiano, dei loro genitori facenti parte del gruppo di preghiera, hanno sentito la vocazione al sacerdozio. Deo gratias!...*».

Di fronte a questa «*gente di preghiera operante nel contesto dell'animazione cristiana*» per l'avvento di un mondo migliore, tanto auspicato da Pio XII, si può ben credere come «*egli guardasse ai gruppi di preghiera con segreta speranza*» e fosse al corrente del movimento, considerato risposta semplice e sincera al suo ripetuto appello alla preghiera comunitaria.

Ed è comprensibile che nel luglio del

1968 arrivasse una nomina che «*in certo senso*» equivaleva ad un riconoscimento ed all'approvazione ufficiale da parte della Chiesa del movimento, che non ha avuto sempre vita facile, fondato da padre Pio: la Sacra Congregazione dei Religiosi e degli Istituti Secolari il 31 luglio 1968 affidava il coordinamento dei «Gruppi di Preghiera» e le loro iniziative al padre superiore della fraternità di S. Giovanni Rotondo.

Un altro attestato di benevolenza ai gruppi di preghiera, recatisi a Roma il 24 settembre 1975 per mostrare al successore di Pietro la loro coscienza ecclesiale, veniva da Paolo VI, quando richiamava l'esempio di padre Pio «*che ha generato una tanto numerosa schiera di persone che pregano e danno testimonianza di comunione nella carità*» (Radio Vaticana, 25 settembre 1975): «*E altro pellegrinaggio, questa volta in grande numero. Le statistiche parlano di qui presenti ventimila, ventimila! partecipanti al convegno internazionale dei gruppi di preghiera, della Casa del Sollievo – eccolo – dell'Opera di padre Pio da Pietrelcina. Il quale, tra le tante cose grandi e buone che ha compiuto, ha, diciamo, generato questa schiera, questo fiume di persone che pregano e, che, nel suo esempio e nella speranza del suo aiuto spirituale, si dedicano alla vita cristiana e danno testimonianza di comunione nella preghie-*

ra, nella carità, nella povertà di spirito e nella energia della professione cristiana. Benediciamo tutti i buoni gruppi di preghiera presenti, materialmente e spiritualmente» (24 sett. 1975).

* * *

Credere perdutamente all'amore che il sommo Creatore ha per noi ed ardere in questo amore è l'essenza della preghiera cristiana: «*Se potessi volare, vorrei parlare forte* – esplode padre Pio – *a tutti vorrei gridare con quanta voce terrei in gola: amate Gesù che è degno di amore*».

E perché molti fratelli d'esilio ripagano con ingratitudine i «*pegni*» amorosi del Signore, «*quasi non si fidino più*» di lui, negandogli «*sgarbatamente*» il tributo del loro amore, padre Pio ci dà l'esempio di capire quanto sia grande ed urgente la missione di intercedere e riparare.

Immettendoci anche noi in questo «*fiume di persone che pregano*», troveremo la forza di far diventare la nostra vita una vera testimonianza cristiana, portando fuori della chiesa la carità, col trasformare tutti i nostri ambienti «*in una chiesa, in una "Casa Sollievo della Sofferenza", cioè in una Casa della carità*».

Se tutto sarà chiesa, se tutto sarà carità «*se tutto – prima – sarà preghiera*», questo fiume umano traccerà «*una delle pagine più belle, forse la più bella, dopo quella primavera del Duecento, nella storia di san Francesco e della sua opera*».

Capitolo XI

NELLE BRACCIA DELL'AMORE

Un letterato si lamentò con Dio, perché i suoi santi dovrebbero vivere sempre ed invece essi partono troppo presto, sempre troppo presto.

Comprendiamo tale rammarico, ma dobbiamo pur dire che il santo, «*strumento di Dio*», è una luce che egli ha messo nel mondo per rischiararlo e che, una volta accesa, non si spegne più.

La Provvidenza che governa il mondo si accorge che l'uomo non cammina per la retta via; ed allora manda nel mondo cattivo il santo che fa il bene, per riparare alla cattiveria degli uomini (che fanno il male e, a volte, si danno da fare per dimostrare che agiscono bene) e per aiutarli ad imbroccare la via giusta.

"Mi sento tutto sconquassato"

Ai molteplici dolori che lo affliggono da lunga data, si aggiunge il peso degli anni e padre Pio si sta avviando alla eterna vita ogni giorno più carico di malanni ai quali nessun mortale può sfuggire; ma li porta – non li sopporta – con tanta uniformità ai divini voleri, da far venire la santa rassegnazione in Dio, al solo guardarlo, a chi è provato anche lui dal dolore.

Non dice di non soffrire, quando realmente soffre: «*Figlio mio, mi sento tutto sconquassato*» – rispondeva alla nostra domanda – aggiungendo subito: «*Ma sia fatta la volontà di Dio!...*».

Il suo animo conosce le agonie e i suoi occhi le lagrime, anche se poco avvertite dagli altri, perché si mostra sempre gioviale.

Ma, pagato il tributo all'umanità, si riprende subito; scherza anche sui suoi guai e benedice e ringrazia il Signore: «*I primi giorni della terribile prova mi sentii male* – dice al suo direttore spirituale –, *ma poi il Signore mi sostenne e quindi mi adattai al nuovo ambiente. Sia ringraziato Gesù. Ma venite a trovarmi. Ho bisogno d'una parola amica, fraterna, paterna*».

Quanto è confortante trovare elementi comuni anche in uomini di eccezione! L'eroismo di marmo e di bronzo suscita stupore, ma non riscalda il cuore; quello cristiano invece dimora in cuori di carne: non distruggendo le innocenti debolezze della natura umana, in esse la santità trova forza e bellezza.

Il fatto che i santi soffrono e sono lieti di soffrire, non dice che non sentano il dolore.

Possono crocifiggere la loro carne, ma con ciò non la pietrificano né la rendono insensibile. Non sono fatti di pietra e non hanno alcune qualità marmoree degli Stoici, la cui ambizione era di «*sentir morire ogni sentimento*».

Al santo curato d'Ars – per esempio – costò sempre gran fatica levarsi ogni mattina prima dell'alba e moltissime volte entrava nel confessionale con grandissima riluttanza naturale. Padre Pio, «*uomo fatto preghiera*», a volte non aveva voglia di pregare: «*Una sera mentre si avviava verso il coro diceva a un suo intimo: "Veramente non me la sento di pregare stasera... e non ho neppure la scusa del buon voler, perché non ne ho proprio voglia..."*».

La gente vuole vederlo

La corrispondenza epistolare aumenta continuamente e la gente arriva al convento «*come in tanti pellegrinaggi*», assetata della divina grazia, a chiedere, chiedere, sempre chiedere.

A volte padre Pio sta molto male per i soliti attacchi di coliche renali, che lo costringono a letto, senza Messa e soltanto con la comunione.

Soffre i lancinanti dolori con forza e serenità, come sempre, ripetendo: «*Soffro molto, ma ringrazio Dio lo stesso*».

Ogni tanto per le precarie condizioni di salute, non può celebrare. È un fatto che preoccupa, ma i pellegrini continuano a venire ed è veramente straordinario l'afflusso della gente, nonostante che padre Pio, per la sua avanzata età e la poca salute, possa dare pochissima soddisfazione. Egli fa quel che può.

La sua Messa, celebrata nelle ore antelucane, è sempre affollatissima.

I luoghi dove passa sono gremiti: «*la gente vuole vederlo e si stringe attorno a lui, nonostante le abituali sgridate che rivolge ai più indisciplinati. Prega e soffre: è questo lo spettacolo quotidiano a cui noi assistiamo e la sua preghiera e la sua sofferenza salgono al trono di Dio e smuovono le masse che accorrono a S. Giovanni Rotondo da ogni parte d'Italia e dall'estero. Ha perso quasi tutto il suo brio e la sua vivacità; parla pochissimo; è tutto chiuso in se stesso; rarissimamente ha qualche ritorno del suo fare usuale, con episodi, barzellette, arguzie e detti vivaci, da cui sapeva trarre anche nelle ricreazioni spunti di bene e pensieri spirituali*».

Il 7 luglio 1968 ha un forte collasso e preferisce rimanere solo in continua preghiera: padre Pio è diventato quasi muto per gli uomini e tutti si sforzano di rispettare questo sacro silenzio, come meglio possono, mentre uno straordinario afflusso di pellegrini invade il santuario.

La sua ultima Messa

Si avvicina una data che ogni anno si celebra in clima raccolto ed orante, ma il 1968 ricorda cinquant'anni di stimmate visibili, apparse il 20 settembre 1918 nelle carni di padre Pio.

Nessuna solennità esteriore all'infuori di tante, tante rose rosse che ornavano l'altare maggiore, offerte dai figli spirituali, ed una grande moltitudine di devoti venuti da ogni parte del mondo per ricordare vicino al «Padre» questa data memorabile.

Altra particolarità: per la prima volta, forse, il Crocifisso del coro dell'antica chiesetta, davanti al quale padre Pio ricevette le stimmate, era adornato di tante rose rosse. Il festeggiato celebra la Messa, come tutte le mattine, alle ore 5; «*nella chiesa gremita di folla, aleggiava un'aura solenne di mistero, di preghiera, di raccoglimento, di unione mistica* – ci fa sapere il padre guardiano del tempo –. *Il resto della giornata, come sempre, per padre Pio: lavoro, preghiera, confessioni*».

Il giorno dopo – 21 settembre – padre Pio non celebra ma si comunica soltanto, perché debole e stremato di forze, a causa di un fortissimo attacco di asma, che gli impedisce di respirare e per una mezz'ora circa desta apprensione grande e timore, assistito dal medico curante dottor Giuseppe Sala. Il padre guardiano con gli altri confratelli non si sono mossi dalla sua stanzetta, finché la crisi non si è risolta, fortunatamente in bene.

Molto agitato per la sofferenza, stringeva forte la mano al padre guardiano ed ai confratelli che gli erano accanto, ripetendo: «*È finita, è finita!...*».

Passata la crisi ed esortato dal superiore a non scendere per le confessioni: «*E come voglio scendere* – rispose – *in queste condizioni!...*». Ripresosi alquanto, nel pomeriggio assiste – come al solito – alla funzione vespertina e benedisse la «*immensa folla*», convenuta da tutto il mondo per il convegno internazionale dei «Gruppi di preghiera» che si sarebbe tenuto il giorno seguente, in occasione del cinquantesimo delle stimmate.

Tutti sono in festa ed aspettano con ansia febbrile – parla la cronaca del convento di vivere la giornata di domani: solo padre Pio si sente «*confuso e smarrito nella sua umiltà, considerando i grandi doni ricevuti da Dio*». Oggi, circa all'ora di pranzo, prima che il Padre prendesse sforzatamente quel po' di cibo solito, il padre guardiano nel dare il «buon appetito» al Padre che era ancora debole e stremato di forze per la crisi d'asma di questa mattina, gli ha detto: «*Buon appetito, Padre, e si faccia coraggio. Lei deve star bene; è venu-*

ta tanta gente per la festa di domani!». «*Altro che festa* – ha risposto padre Pio – *dovrei fuggire e sparire per la confusione che provo*».

Il giorno 22 settembre, alla fine della Messa di padre Pio «*scroscianti ed interminabili applausi con grida sincere "viva padre Pio!", "auguri, Padre!" hanno salutato il Padre prima che rientrasse in sacrestia. Però, nell'alzarsi dalla poltrona e prima di scendere i gradini dell'altare rivolto al popolo, padre Pio ha barcollato e si è ripiegato su se stesso, quasi per cadere*».

Soccorso prontamente dai confratelli, sostenuto di peso ed adagiato sulla sedia a rotelle, è stato portato in sacrestia. «*Pallido e sbiancato in viso, come assente e smarrito* – racconta il padre guardiano — *ha benedetto la folla accalcatasi alla balaustra laterale, ripetendo affettuosamente ed affannosamente: "Figli miei, figli miei!"*».

Dopo il ringraziamento, avvviatosi per le confessioni delle donne, dovette tornare indietro e risalire in camera con l'ascensore: «*Padre Pio non sembrava più lui; bianco nel viso, tremante e stremato di forze, con le mani fredde, fissava tutti con lo sguardo, quasi assente e lontano da tutto quello che gli avveniva intorno. E così ha continuato per tutta la giornata*».

Verso le 10,30 ai «Gruppi di preghiera» radunati sul sagrato per ascoltare i discorsi ufficiali, padre Pio affrettando i tempi (la sua benedizione ed il suo saluto paterno era previsto per mezzogiorno) dalla finestra della vecchia chiesa, affacciatosi quasi all'improvviso, ha benedetto e salutato lungamente la folla.

È difficile descrivere la gioia, il delirio, i battimani, le grida di evviva – attingiamo dalla cronaca del convento – l'agitare di mani e di fazzoletti per rispondere al saluto del Padre e dimostrargli ancora una volta l'affetto e la devozione filiale da tutta quella stragrande moltitudine, qui convenuta anche dall'estero.

Alla Messa vespertina tutta la folla si riversa in chiesa per partecipare alla celebrazione eucaristica e ricevere la benedizione di padre Pio, che assisteva dal matroneo.

Al termine della Messa, come sempre, mentre cerca di alzarsi per benedire la folla, rimane curvo su se stesso, senza potersi muovere; a stento riesce a sollevare la mano destra per benedire i suoi figli spirituali: il gesto familiare di ogni sera, il saluto e la conclusione di ogni giornata. Poi, quasi sollevato di peso, è adagiato sulla sedia a rotelle e riaccompagnato in camera.

Passando per la sala san Francesco benedice e saluta ancora tanti uomini; e così pure dalla finestra della stanza salutando la folla, agitando il fazzoletto bianco.

«Sullo spiazzo oltre il muro della clausura – è il guardiano del tempo – *un buon numero di iscritti ai Gruppi di preghiera era ad attendere il saluto della sera di padre Pio, con fiaccole e candeline accese: uno spettacolo simile a quello del giorno 20. Dopo i ripetuti saluti e le grida "evviva! auguri! buona notte, padre! vi vogliamo tanto bene, Padre!", la finestra della cella di padre Pio si è chiusa definitivamente per sempre, chiudendo dietro di sé la visione ed il ricordo di un Uomo che tutti, dopo averlo incontrato, avevano imparato a chiamare 'Padre!'»*.

Nelle braccia dell'Amore

Chi mai avrebbe pensato che alla tanta festa del giorno precedente sarebbe seguito il funerale del giorno dopo?

Tutti vedevano che padre Pio si consumava lentamente e che lui stesso spesso parlava e desiderava morire: «*Come si sente, Padre?*». «*Male, male, figlio mio* – rispondeva al padre guardiano – *solo la tomba mi manca. Sto più di là che di qua. Pregate il Signore che mi faccia morire!...*», ma nessuno voleva credere che la fine fosse così vicina, a chiusura di una giornata intensissima per i suoi figli spirituali e di normale attività per lui.

«*Ha voluto morire in piedi al suo posto di lavoro, dopo un giorno passato come gli altri* – è la voce del padre guardiano – *nella preghiera e nel ministero per il bene. È apparso, sì, oltremodo affaticato, smarrito, quasi assente dalla scena del mondo [...], ma chi mai poteva intuire che era giunta la fine?*».

Alle ore 2 circa del 23 settembre un religioso picchiava ripetutamente all'uscio della cella del superiore: «*Padre guardiano, si alzi. Padre Pio sta male*». Immediatamente precipitatosi nella stanza dell'ammalato, seduto sulla poltrona ed assistito dal dottor Sala e da due confratelli, lo vide «*con gli occhi chiusi, la testa leggermente chinata in avanti e respirava molto affannosamente, gonfiando il petto e con un lieve rantolo alla gola. Gli presi la mano destra: era già fredda. Lo chiamai piu volte: "Padre! Padre!". Non mi rispose: forse mi sentì; e si accorse della mia presenza. Mi sentii smarrito, come di fronte alla terribile realtà che ad ogni costo non volevo ammettere, ma il medico con lo sguardo non mi dava alcuna speranza e mi aveva fatto chiamare proprio lui, quando aveva avuto la netta sensazione che si era alla fine*».

Amministratogli il sacramento degli infermi, poco dopo, sereno, tranquillo, vola al cielo con la corona del santo Rosario tra le mani e con «*Gesù!... Maria!...*» sulle labbra.

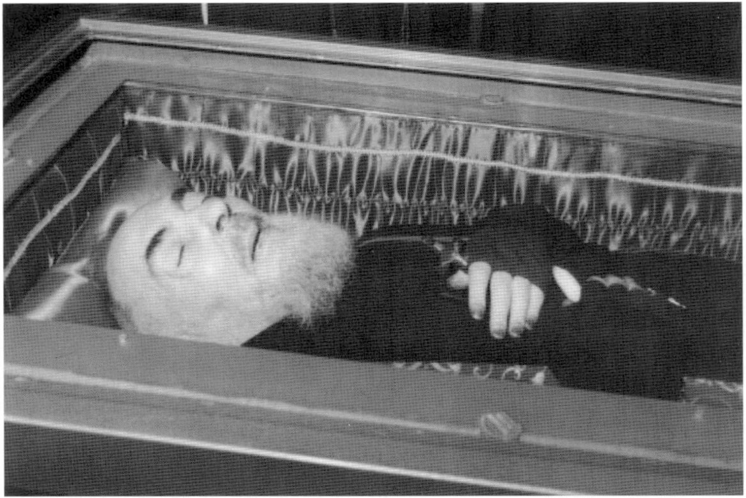

Nelle braccia dell'Amore

Bello e solenne anche nella morte, padre Pio, con la stola sacerdotale, stringeva fra le mani la Regola francescana.

Stupore, commozione, lacrime provocò la dolorosa notizia, propagatasi in un baleno in tutto il mondo.

Composta la salma nella bara di legno, il mesto corteo dei confratelli, parenti, amici e figli spirituali, candela in mano e recita del «Miserere», accompagna il venerato Padre, attraverso il corridoio, l'atrio «s. Francesco», la scalinata e la sacrestia, in chiesa.

Disposto il servizio d'ordine, sia dentro che fuori la chiesa, alle ore 8,30 si aprono le porte: «*tutta l'immensa marea di gente* – apprendiamo dalla cronaca del convento – *che da sei ore e più attendeva impaziente di entrare, si riversò in chiesa gridando e piangendo, nel desiderio di avvicinarsi il più che fosse possibile alla bara, per vedere, toccare, baciare le venerate spoglie del Padre defunto*».

Il giorno 26 verso mezzogiorno, alla folla che non mai terminava, si disse a malincuore basta. Il mesto corteo si avviò dalla chiesa al paese verso le 15,30, seguito da «*una innumerevole massa di popolo*», e si snodava per le vie principali del paese: non era il funerale, ma il trionfo di padre Pio.

Tornati al convento, ch'era già buio, si celebrò sul sagrato la solenne cerimonia funebre, al termine della quale le spoglie furono portate in chiesa e poi in cripta e calate nel loculo scavato sotto il pavimento nel sito già precedentemente disposto: erano le ore 22.

Compiuta la mesta cerimonia, vengono invitati tutti ad uscire e tornare alle loro case. Anche i confratelli, recitata un'ultima preghiera, si ritirano nelle loro celle; vengono chiusi i cancelli in ferro battuto della cripta; restano accese le lampade in segno di fede, affetto e devozione al Padre, immerso nel sonno dei Giusti.

Il suo desiderio, espresso nel lontano 1923, si è realizzato: «*Ricorderò sempre questo popolo generoso nelle mie preghiere, implorando per esso pace e prosperità. E quale segno della mia predilezione, null'altro potendo fare, esprimo il desiderio che, ove i miei superiori non si oppongano, le mie ossa siano composte in un tranquillo cantuccio di questa terra*».

Verso la gloria

Inizia il devoto e mai interrotto pellegrinaggio.

Sono passati dodici anni dal sereno transito e sembra un secolo e sembra ieri averlo visto attorniato da una «*moltitudine immensa*».

La sua presenza è sempre viva ed operante; gli anni non sbiadiscono il suo ricordo e le anime in cerca di pace vengono, vengono, vengono a S. Maria delle Grazie, da lui attratte. Molti non l'hanno conosciuto personalmente e se ne rammaricano; tutti in quella cripta sentono la nostalgia di Dio, propongono di vivere una vita migliore, partono sereni e con l'animo di ritornare.

Veramente «*padre Pio, meraviglia di Dio!...*».

La sua vita: un inginocchiatoio, un altare, un confessionale.

Gesù venne perché gli uomini «*abbiano la vita e l'abbiano in abbondanza*» (Gv 10, 10). In questo consiste la redenzione e la salvezza, questo è lo scopo finale della Chiesa e di ogni sua azione, alla quale tutti gli altri sono subordinati.

«*Cercate prima il regno di Dio...*» (Mt 6, 33): che gli uomini siano elevati allo stato di grazia, perseverino, la riacquistino, se decaduti.

La *preghiera* il gran mezzo per ottenere, conservare ed accrescere la grazia, assieme al «*tabernacolo con a lato il confessionale, dove ritrovano la vita le anime morte e le malate riacquistano la sanità*» (Pio XII).

All'uomo debole e vacillante nel suo impegno cristiano, che cede troppo al mondo, quale potente richiamo Dio ha mandato padre Pio, plasmandolo per il mondo di oggi, «*che in verità è stato scosso per un cinquantennio dalla sua voce silenziosa ma irrompente, dalla sua testimonianza che è risuonata irresistibile in ogni paese del mondo, e che ora, dopo la sua morte, si approfondisce e si dilata sempre più negli spiriti*» (card. Ursi).

«*Io credo* – afferma l'arcivescovo di Manfredonia Valentino Vailati – *che il Santo Padre Paolo VI vi abbia indicato con esattezza la missione di padre Pio*: "Che clientela mondiale ha adunato intorno a sé! Ma perché? Forse perché era filosofo, perché era un sapiente, perché aveva mezzi a disposizione? No. Perché diceva la Messa umilmente, confessava dalla mattina alla sera; ed era, difficile a dirsi, rappresentante 'stampato' dalle stimmate di Nostro Signore. Era un uomo di preghiera e di sofferenza" (20 febbraio 1971). *Egli, dunque, si è eroicamente impegnato a ricostruire la casa del Signore, difendendo i valori fondamentali della fede e della morale cattolica, con il coraggio di un profeta*».

La sua vita e la sua parola, scritta o parlata, ci rivelano apertamente la sua «*voce profetica*»; convergono, «*lo possiamo, sinceramente affermare, verso il mistero della Croce, adorata, abbracciata, rivissuta, compartecipata ai fratelli redenti. E cosa rimarrebbe della Chiesa santa del Signore, senza il mistero della Croce? Non è forse san Paolo che giudicava distruttori della fede i nemici della Croce di Cristo?».*

* * *

Il 4 novembre 1969 la curia generale dell'Ordine dei Frati Cappuccini firma la domanda al vescovo monsignor A. Cunial, amministratore apostolico dell'arcidiocesi di Manfredonia, di aprire il processo di beatificazione e canonizzazione di padre Pio.

Il 23 successivo il Vescovo notifica al postulatore generale dell'Ordine di aver iniziato la raccolta delle informazioni per la fase preliminare del processo stesso.

E la documentazione, raccolta in diocesi secondo le norme vigenti, fu consegnata alla Congregazione per le Cause dei Santi da monsignor Valentino Vailati, arcivescovo di Manfredonia, il 16 gennaio 1973.

Le tappe si succedono a ritmo incalzante.

Il 3 marzo 1980, lo stesso arcivescovo Vailati consegna alla predetta Congregazione ulteriore documentazione per ottenere il nulla osta per l'introduzione della Causa di beatificazione.

Il 23 ottobre 1982, la Sacra Congregazione delle Cause dei Santi tenne una riunione, nella quale discusse l'opportunità o meno di concedere all'Arcivescovo di Manfredonia la facoltà di aprire il processo cognizionale sulla vita e le virtù del Servo di Dio Padre Pio da Pietrelcina.

Il parere dei membri di quel Sacro Dicastero fu favorevole e Sua Eminenza Reverendissima il Cardinale Pietro Palazzini, Prefetto dello stesso Dicastero, in data 29 novembre 1982, presentò in merito una relazione al Santo Padre Giovanni Paolo II, il quale, nello stesso giorno, approvò e confermò il responso della Sacra Congregazione delle Cause dei Santi.

In tal modo veniva aperta la via alla costituzione del Tribunale ecclesiastico, che, nell'Arcidiocesi di Manfredonia, doveva celebrare l'atteso processo cognizionale.

Il Tribunale si è costituito a San Giovanni Rotondo, nel Santuario «Santa Maria delle Grazie», domenica 20 marzo 1983, e si è concluso in sessione pubblica, nello stesso Santuario, domenica 21 gennaio 1990. In sette anni di lavori ha interrogato 73 testimoni ed ha raccolto una imponente documentazione (104) volumi, che è stata consegnata alla Congregazione delle Cause dei Santi.

Intanto dobbiamo ricordare che, il 23 maggio 1987, il Santo Padre Giovanni Paolo II è andato in visita pastorale a San Giovanni Rotondo e si è fermato in preghiera sulla tomba di padre Pio.

La Congregazione delle Cause dei Santi, dopo circa dieci mesi di attento esame, il 7 dicembre 1990, ha emesso il decreto «de validitate» sul processo diocesano ed ha nominato il padre Cristoforo Bove dell'Ordine dei frati minori conventuali relatore ufficiale per la preparazione della «positio super virtutibus».

Ultimata la *Positio*, si discusse, come di consueto, se il Servo di Dio avesse esercitato le virtù in grado eroico. Il 13 giugno 1997 si tenne il Congresso Peculiare dei Consultori Teologi con esito positivo. Nella Sessione Ordinaria del 21 ottobre successivo, essendo Ponente della Causa l'Ecc.mo Mons. Andrea Maria Erba, Vescovo di Velletri-Segni, i Padri Cardinali e Vescovi hanno riconosciuto che padre Pio da Pietrelcina ha esercitato in grado eroico le virtù teologali, cardinali ed annesse. Il giorno 18 dicembre 1997, alla presenza di Giovanni Paolo II, fu promulgato il Decreto sull'eroicità delle virtù.

Per la beatificazione di padre Pio, la Postulazione ha presentato al competente Dicastero la guarigione della signora Consiglia De Martino di Salerno. Sul caso fu celebrato regolare Processo canonico presso il Tribunale Ecclesiastico dell'arcidiocesi di Salerno-Campagna-Acerno dal luglio 1996 al giugno 1997. Il 30 aprile 1998 si tenne, presso la Congregazione delle Cause dei Santi, l'esame della Consulta Medica e il 22 giugno dello stesso anno, il Congresso peculiare dei Consultori Teologi. Il giorno 20 ottobre seguente, in Vaticano, si riunì la Congregazione ordinaria dei Cardinali e dei Vescovi membri del Dicastero e il 21 dicembre 1998 fu promulgato, alla presenza di Giovanni Paolo II, il Decreto sul miracolo.

Il 2 maggio 1999 nel corso di una solenne Concelebrazione Eucaristica in piazza San Pietro Sua Santità, Papa Giovanni Paolo II, con la Sua autorità apostolica ha concesso che il venerabile Servo di Dio Pio da Pietrelcina sia chiamato Beato, stabilendone per il 23 settembre la data della festa liturgica.

Per la canonizzazione del Beato Pio da Pietrelcina, la Postulazione ha presentato al competente Dicastero la guarigione del piccolo Matteo Pio Colella di San Giovanni Rotondo. Sul caso è stato celebrato regolare Processo canonico presso il Tribunale ecclesiastico dell'arcidiocesi di Manfredonia-Vieste dall'11 giugno al 17 ottobre 2000. Il 23 ottobre successivo la documentazione è stata consegnata alla Congregazione delle Cause dei Santi. Il 22 novembre 2001 si è tenuto, presso la Congregazione delle Cause dei Santi, l'esame della Consulta Medica. L' 11 dicembre si è tenuto il Congresso Peculiare dei Consultori Teologi e il 18 dello stesso mese la Sessione Ordinaria dei Cardinali e Vescovi. Il 20 dicembre, alla presenza di Giovanni Paolo II, è stato promulgato il Decreto sul miracolo, mentre il 26 febbraio 2002 fu annunciata la data della canonizzazione.

Il 16 giugno 2002 nel corso di una solenne Concelebrazione Eucaristica in piazza San Pietro Sua Santità, Papa Giovanni Paolo II, "con l'autorità di Nostro Signore Gesù Cristo, dei Santi Apostoli Pietro e Paolo", ha dichiarato e definito Santo il Beato Pio da Pietrelcina, stabilendone per il 23 settembre la memoria liturgica "con il grado di obbligatoria".

È il "premio" promesso da Gesù, in una visione, al giovanissimo Francesco Forgione poco prima di entrare in convento: "ti regalerò una splendida corona".

INDICE

Finito di stampare
nel mese di giugno 2006
dalle Grafiche Grilli srl - Foggia